Lexifac
DROIT

Collection dirigée
par Cédric Tahri

Enseignant à l'Université Montesquieux-Bordeaux IV
Directeur de l'Institut rochelais de formation juridique

Finances publiques

Christophe Sinnassamy

Habilité à diriger des recherches en droit public

Conseiller à la chambre régionale des comptes d'Île-de-France

Bréal

Lexi fac

ÉCONOMIE ET GESTION

• **Économie**
Microéconomie, tome 1 : consommateurs et producteurs
Microéconomie, tome 2 : les marchés
Macroéconomie, tome 1 : concepts
Macroéconomie, tome 2 : la monnaie
Macroéconomie, tome 3 : équilibres et déséquilibres
Probabilités pour l'économie
Statistiques appliquées à l'économie
Système bancaire et financier français

• **Gestion**
Comportement du consommateur et de l'acheteur
Comptabilité analytique
Comptabilité générale
Comptabilité des sociétés
Finances publiques
Gestion financière
Management stratégique
Marketing
Mathématiques financières

DROIT

Droit administratif
Droit administratif des biens
Droit civil
- **La famille**
- **Les biens**
- **Les obligations**
- **Les contrats spéciaux**
- **Les personnes**

Droit constitutionnel
Droit commercial : l'entreprise commerciale
Droit commercial : droit des entreprises en difficulté
Droit commercial : instruments de paiement et de crédit
Droit de la fonction publique
Droit de la propriété industrielle et commerciale
Droit de la propriété littéraire et artistique
Droit des collectivités territoriales
Droits des sociétés
Droit du travail
Droit européen
Droit international privé
Droit pénal des affaires
Droit pénal du travail
Droit pénal général
Droit pénal spécial
Finances publiques
Histoire du droit et des institutions
Introduction générale au droit
Les sûretés
Procédure civile
Procédure pénale
Régimes matrimoniaux
Successions et libéralités

ISBN : 978-2-7495-3046-8

www.editions-breal.fr 27-29, avenue de Saint-Mandé, 75012 Paris

AVANT-PROPOS

Les finances publiques sont couramment définies comme l'étude des ressources, des dépenses et des comptes des collectivités publiques, c'est-à-dire principalement de l'État, des collectivités territoriales, des organismes de Sécurité sociale et de l'Union européenne. Parce qu'elles constituent l'un des principaux leviers de l'action publique et expriment des choix de société, les finances publiques ont vu leur périmètre s'accroître considérablement ces dernières années.

Aujourd'hui, leur étude est devenue incontournable, de sorte que la publication d'un *Lexifac Finances publiques* s'est rapidement imposée. Sa rédaction a été confiée à Christophe Sinnassamy, enseignant-chercheur à l'université Paris II (Panthéon-Assas) et conseiller à la chambre régionale des comptes d'Ile-de-France.

L'auteur s'est brillamment employé à rendre la matière accessible au plus grand nombre. Si le *Lexifac Finances publiques* est principalement conçu à destination **des étudiants en droit des premier et deuxième cycles** ainsi que des praticiens, il a également pour ambition d'autoriser une découverte rapide du domaine aux non-spécialistes.

L'ouvrage expose, sous forme de fiches, les thèmes majeurs figurant au programme universitaire. Sa présentation claire et structurée vise un triple objectif :

- **fournir une synthèse complète et actualisée du cours** faisant ressortir les débats doctrinaux ainsi que les notions essentielles ;
- **permettre une préparation efficace aux examens** en donnant aux étudiants les moyens de rassembler leurs connaissances ;
- **favoriser une consultation rapide sur un point précis** : la mise en page de chaque fiche rend aisé le repérage d'une définition ou d'un référence, textuelle ou jurisprudentielle.

Le plan adopté permet d'appréhender la matière dans son ensemble. Il aborde tour à tour les finances de l'État, les finances locales et sociales. Les finances européennes sont également examinées.

Cédric Tahri
Directeur de la collection Lexifac droit

SOMMAIRE

INTRODUCTION

Fiche 1 : Que sont les finances publiques ? 10
Fiche 2 : Qu'est-ce que la gestion publique ? 12
Fiche 3 : Que recouvre l'expression « démarche de performance » ? 14

PARTIE I
LES FINANCES DE L'ÉTAT

TITRE I. LA NOTION DE BUDGET

Chapitre 1 - Présentation générale

Fiche 4 : Les dépenses publiques 20
Fiche 5 : Les grands chiffres du budget de l'État pour 2011 23
Fiche 6 : La définition du budget de l'État 25
Fiche 7 : Les différentes lois de finances 27

Chapitre 2 - Les principes budgétaires

Fiche 8 : La LOLF et la réforme budgétaire 30
Fiche 9 : Le principe d'unité budgétaire 32
Fiche 10 : Le principe d'universalité budgétaire 35
Fiche 11 : Le principe de spécialité budgétaire 38
Fiche 12 : Le principe d'annualité budgétaire 40
Fiche 13 : Le principe de sincérité budgétaire 43

TITRE II. LE PROCESSUS BUDGÉTAIRE

Chapitre 1 - L'élaboration et l'adoption de la loi de finances

Fiche 14 : La préparation du projet de loi de finances 48
Fiche 15 : La nomenclature budgétaire 51

CHAPITRE 2 - L'EXÉCUTION DE LA LOI DE FINANCES

Fiche 16 : Les acteurs de l'exécution des dépenses publiques.... 53
Fiche 17 : Les règles de gestion des crédits.................................. 55
Fiche 18 : Les phases d'exécution des dépenses publiques 59
Fiche 19 : Les phases d'exécution des recettes publiques.......... 62

TITRE III. LE CONTRÔLE DU BUDGET DE L'ÉTAT

CHAPITRE 1 - LE NOUVEL ENVIRONNEMENT

Fiche 20 : Déficit budgétaire et dette publique 66
Fiche 21 : Objectifs et indicateurs... 69
Fiche 22 : Comptabilités, plan comptable et certification des comptes de l'État.. 72

CHAPITRE 2 - LES DIFFÉRENTS TYPES DE CONTRÔLE

Fiche 23 : Les contrôles administratifs...................................... 75
Fiche 24 : Les contrôles juridictionnels...................................... 77
Fiche 25 : Les contrôles parlementaires...................................... 82

PARTIE II
LES FINANCES LOCALES

TITRE I. LE BUDGET DES COLLECTIVITÉS TERRITORIALES

CHAPITRE 1 - PRÉSENTATION GÉNÉRALE

Fiche 26 : Les collectivités territoriales en quelques chiffres 90
Fiche 27 : La réforme des collectivités territoriales..................... 92
Fiche 28 : Les principes généraux des finances locales............. 94

CHAPITRE 2 - LE CONTENU DES BUDGETS LOCAUX

Fiche 29 : La structure des budgets locaux 98
Fiche 30 : Dépenses et recettes des collectivités territoriales 99
Fiche 31 : Qu'est-ce qu'un produit structuré ?.......................... 102

TITRE II. LE PROCESSUS BUDGÉTAIRE

CHAPITRE 1 - LES DIFFÉRENTS BUDGETS

Fiche 32 : Calendrier budgétaire et budgets associés............... 106

Chapitre 2 - L'établissement des budgets locaux

Fiche 33 : Les instructions budgétaires et comptables des collectivités territoriales : l'exemple des communes et de l'instruction M14... 109
Fiche 34 : Les ratios financiers des collectivités territoriales 111

TITRE III. LE CONTRÔLE DES BUDGETS LOCAUX

Chapitre 1 - Le contrôle des budgets par les chambres régionales des comptes

Fiche 35 : Le contrôle budgétaire... 116
Fiche 36 : Le contrôle juridictionnel....................................... 120
Fiche 37 : L'examen de gestion 124

Chapitre 2 - Le contrôle des budgets par d'autres structures

Fiche 38 : Le contrôle des budgets locaux par la commune....... 128
Fiche 39 : Le contrôle des budgets locaux par l'État................ 130

PARTIE III
LES FINANCES SOCIALES

TITRE I. LES LOIS DE FINANCEMENT DE LA SÉCURITÉ SOCIALE

Chapitre 1 - Le cadre juridique

Fiche 40 : La loi organique relative aux lois de financement de la Sécurité sociale 136

Chapitre 2 - La portée pratique

Fiche 41 : Le contenu des lois de financement de la Sécurité sociale 138

TITRE II. LA MISE EN ŒUVRE DES LOIS DE FINANCEMENT DE LA SÉCURITÉ SOCIALE

Chapitre 1 - La procédure d'élaboration

Fiche 42 : L'adoption des lois de financement de la Sécurité sociale 142
Fiche 43 : L'objectif national des dépenses d'assurance maladie 144

Chapitre 2 - Le contenu des lois de financement de la Sécurité sociale

Fiche 44 : Les branches du régime général de Sécurité sociale.. 146
Fiche 45 : Les recettes de la Sécurité sociale 152
Fiche 46 : Les dépenses de la Sécurité sociale......................... 154

TITRE III. LE CONTRÔLE ET LA MISE EN PERSPECTIVE DES FINANCES SOCIALES

Chapitre 1 - Les organismes de contrôle des finances sociales

Fiche 47 : La mission d'évaluation et de contrôle des lois de financement de la Sécurité sociale.................................... 158
Fiche 48 : La Cour des comptes et les finances sociales............ 160

Chapitre 2 - Les nouveaux défis des finances sociales

Fiche 49 : La certification des comptes sociaux........................ 162
Fiche 50 : Les programmes de qualité et d'efficience 165
Fiche 51 : La dette sociale 170

PARTIE IV LES FINANCES EUROPÉENNES

TITRE I. LE CADRE GÉNÉRAL DE LA CONVERGENCE ÉCONOMIQUE

Chapitre 1 - Le dispositif institutionnel de discipline budgétaire

Fiche 52 : L'Union économique et monétaire (UEM) 178
Fiche 53 : Le Pacte de stabilité et de croissance (PSC).............. 180

Chapitre 2 - La mise en œuvre pratique - le cas de la France

Fiche 54 : Soutenabilité des finances publiques et pilotage pluriannuel.. 182
Fiche 55 : La crise en France et le plan de relance................... 184

TITRE II. LE BUDGET DE L'UNION EUROPÉENNE

Chapitre 1 - Présentation générale

Fiche 56 : Les règles financières de l'Union européenne........... 190
Fiche 57 : Recettes et dépenses de l'Union européenne............ 192

Chapitre 2 - L'élaboration et l'exécution du budget

Fiche 58 : Les principes d'élaboration du budget de l'Union européenne 195
Fiche 59 : L'exécution du budget de l'Union par Commission européenne 198

TITRE III. LE CONTRÔLE DES FINANCES PUBLIQUES EUROPÉENNES

Chapitre 1 - Le contrôle parlementaire

Fiche 60 : Le Parlement européen 202

Chapitre 2 - Les autres modalités de contrôle

Fiche 61 : La Cour des comptes européenne 204
Fiche 62 : L'office de lutte anti-fraude (OLAF) 206

Fiche 1 Que sont les finances publiques ?

Les finances publiques désignent les règles applicables aux opérations financières des personnes publiques, c'est-à-dire les dépenses et les ressources de l'État et, par extension, celles des collectivités territoriales, des administrations de Sécurité sociale et des institutions européennes. Les finances publiques constituent une science multidisciplinaire, soumise à des considérations politiques, sociales, économiques, internationales et à de nouveaux impératifs de gestion.

Elles sont d'abord politiques car elles reflètent la conduite de l'action du Gouvernement. La mise en œuvre d'une politique économique va donc, à un moment donné, nécessairement agir sur les règles de gestion des finances de l'État.

Les finances publiques sont aussi sociales car leur contenu et leur portée varient sensiblement au cours du temps et en fonction des contraintes d'environnement auxquelles la société est soumise. La mise en place de l'Union économique et monétaire (UEM), née de l'adoption du Traité de Maastricht, n'aura-t-elle pas transformé les règles applicables par les États membres concernant les finances européennes ? Ainsi, par exemple, les règles Pacte de stabilité et de croissance (PSC) imposent à tous les États de la zone euro de maintenir leur niveau de dette publique à 60 % de leur produit intérieur brut (PIB).

Les finances publiques sont également économiques : la science des finances porte ainsi bien son nom. Discipline de carrefour par excellence, les finances publiques sont soumises à une double logique : juridique et économique. C'est ce qui en fait une matière complexe car elle impose la maîtrise de certains concepts tout en ne s'éloignant pas des principes juridiques…

Par ailleurs, les finances publiques sont de plus en plus internationalisées et cela pour au moins deux raisons. La première est liée au contexte économique caractérisé par une économie mondialisée. Chaque pays est donc l'un des maillons de « chaîne économique internationale ». Les finances publiques des États sont alors particulièrement vulnérables aux événements majeurs (chocs asymétriques) comme la crise américaine des *subprimes* en aura été le révélateur en France en 2008. En second lieu, les finances publiques dépassent le strict cadre national du fait de l'appartenance des États à l'Union économique et monétaire, un phénomène relativement abouti d'intégration économique. De la même façon, la contagion des crises dans les pays de l'Union européenne les plus fragiles aura démontré avec éloquence l'imbrication économique des États et confirmé la perte du caractère strictement national de leurs finances.

Enfin, les finances publiques sont résolument orientées vers l'efficacité des politiques mises en œuvre. Dans un contexte de moyens financiers limités, il s'agit de les décliner avec le souci constant d'atteindre les objectifs qui ont été assignés. Et c'est sur ce point que les finances publiques rejoignent les nouveaux impératifs de gestion publique.

Fiche 2 Qu'est-ce que la gestion publique ?

Il n'y a pas de définition normée de la « gestion publique ». Ce terme est la traduction française du « *public management* » des pays anglo-saxons.

Tenter une approche de la gestion publique est donc un exercice complexe, tant il fait référence à des concepts issus du droit, de l'économie et de la gestion. La gestion publique est au cœur de ces trois éléments. Et son périmètre, donc son contenu, sont aussi influencés par d'autres facteurs qui sont à l'intersection des trois éléments.

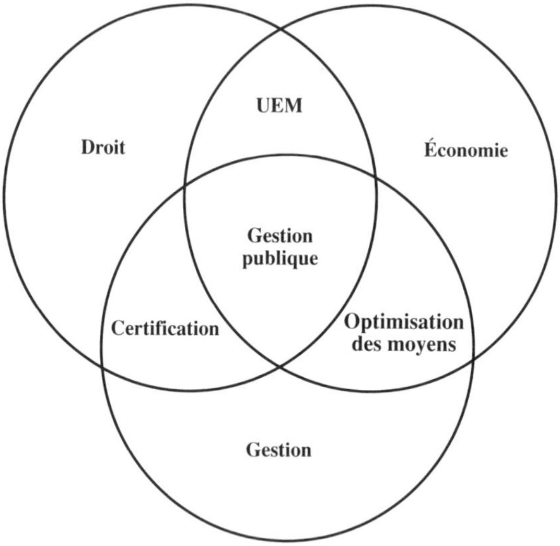

Au croisement du droit et de l'économie, c'est l'élément européen qui doit d'abord être pris en compte. Les règles du droit financier français doivent être rendues compatibles avec les engagements économiques européens de la France, au premier rang desquels l'on retrouve les règles du Pacte de stabilité et de croissance.

Au croisement de l'économie et de la gestion se situe l'enjeu de l'optimisation des moyens. Cette terminologie recouvre à la fois l'efficience (résultats mesurés par rapport aux moyens octroyés) et l'efficacité (mesure des résultats obtenus par rapport aux objectifs fixés).

Enfin, le croisement du droit et de la gestion permet de prendre conscience des adaptations successives de notre ordonnancement juridique face aux pratiques éprouvées du secteur privé. D'ailleurs, pendant longtemps, secteur public et secteur privé se sont opposés. Nul doute que l'entrée en vigueur de la loi organique relative aux lois de finances (LOLF) aura contribué à faire céder ces « bastions » imprenables au nom de l'impératif d'une nouvelle gouvernance financière. Car, au fond, l'État devait-il être si éloigné, en termes de management public, des techniques et pratiques de gestion en vigueur dans le secteur privé ? Dans les faits, l'enlacement des deux mondes est remarquable : preuve en est la certification des comptes de l'État qui, comme ceux des entreprises privées, sont désormais vérifiés suivant un référentiel (« plan comptable ») nécessairement adapté aux spécificités des pouvoirs publics.

La gestion publique est donc un ensemble multiforme, sujet à constante évolution. Elle témoigne, au sein du secteur public, d'une emprise de plus en plus grande des techniques de management privé orientées vers la recherche de la performance.

Fiche 3

Que recouvre l'expression « démarche de performance » ?

I - QU'EST-CE QUE LA PERFORMANCE ?

La performance est aujourd'hui au cœur de l'action publique *lato sensu*, qu'il s'agisse de l'État, des collectivités territoriales, des organismes de Sécurité sociale ou de l'Union européenne. En un mot, la performance est l'un des facteurs communs à l'ensemble des finances publiques.

A - La légitimité des politiques publiques

La performance a d'abord des conséquences sur l'opportunité de mise en œuvre des politiques publiques, donc sur leur légitimité. Alors que, par le passé, le service public souffrait de critiques virulentes, notamment du fait d'une relative inertie, la mise en œuvre de la LOLF et plus récemment la révision générale des politiques publiques (RGPP) ont donné une nouvelle dimension aux actions conduites par l'État. Or la légitimité des services publics est d'autant plus indispensable à démontrer qu'ils sont financés par l'impôt : il est donc important de pouvoir rendre compte, de manière circonstanciée, de l'utilisation qui en a été faite. Le citoyen semble donc bien être passé du statut d'usager à celui de client du service public.

B - Les conséquences politiques

La performance a également des conséquences politiques. La satisfaction que l'usager retirera de telle ou telle administration contribuera au jugement favorable qu'il portera sur l'action d'un Gouvernement. Par exemple, n'est-il pas exact que des grèves à répétition dans les transports en commun entachent l'image de l'équipe politique en place ? On pourra d'ailleurs lui reprocher, lors de prochaines élections, son inaction ou son incapacité à avoir fait cesser le trouble…

C - Les incidences économiques

Enfin, la performance a évidemment des incidences économiques et ce d'autant plus que la France se trouve dans une situation économique difficile au regard de l'ampleur de sa dette publique. La nouvelle logique développée par la LOLF vise à rentabiliser chaque poste de dépense publique : faire autant avec moins ou plus avec la même somme. Ceci pose donc une nouvelle fois la question de l'évaluation *ex post* des politiques publiques, élément indispensable pour mesurer l'atteinte des objectifs mais aussi leur coût final de réalisation.

II - LE « TRIANGLE DE LA PERFORMANCE »

La démarche de performance que l'on retrouve parfois aussi sous le terme « triangle de la performance » repose sur la définition d'objectifs assortis de moyens en vue de résultats à atteindre.

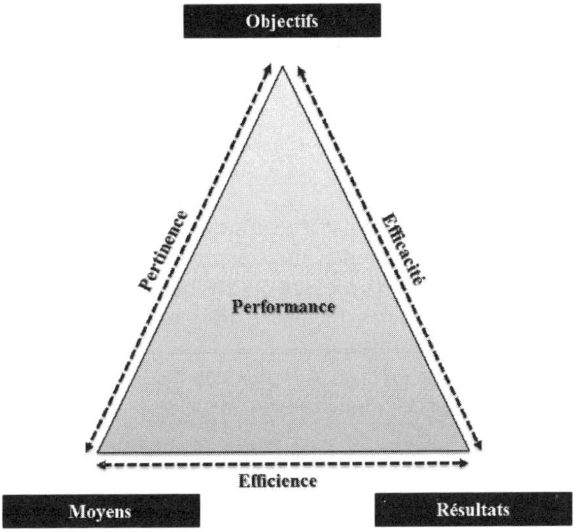

Voici comment, par un exemple, comment on peut illustrer cette représentation graphique.

A - Premier exemple : le lien entre les objectifs et les moyens

Un ministère d'environ 20 000 agents se voit assigner l'objectif de réduire de 15 % sa masse salariale en 2009. Il envisage pour y parvenir de ne pas remplacer un départ de fonctionnaire partant en retraite sur 10. Les moyens qu'il a définis semblent à l'évidence sous-estimés pour parvenir à l'objectif, d'autant que la pyramide des âges de ses effectifs fait apparaître une population globalement jeune, donc peu concernée par la mesure en place. Il n'y a donc pas pertinence des mesures envisagées par rapport à l'objectif fixé.

B - Deuxième exemple : le lien entre les objectifs et les résultats

Tout au long de l'année, malgré tout, les personnes partant en retraite ne sont pas remplacées. La pénurie d'agents se fait progressivement ressentir au point que, pour pouvoir poursuivre ses missions, l'administration centrale doit avoir recours à des personnels intérimaires. Le ministre décide même de sous-traiter certaines tâches à des entreprises privées dans le cadre de marchés publics. En fin d'année, l'objectif de réduction est pratiquement atteint mais les dépenses de fonctionnement ont connu une augmentation d'environ 20 %, du fait des mesures prises pour assurer la continuité du service. Il n'y aura pas eu de mesures efficientes utilisées pour parvenir au résultat fixé.

C - Troisième exemple : le lien entre les objectifs et les résultats

Devant le résultat obtenu (mais sans prendre en compte le coût de celui-ci), le Premier ministre décide de définir un nouvel objectif, plus strict cette fois, au même ministère pour l'année 2010. Il faudra à nouveau réduire de 10 % les dépenses liées aux rémunérations et aux charges sociales. En fin d'année 2010, malgré la poursuite des actions mises en place, le résultat est loin d'être atteint : on ne note qu'un infléchissement d'environ 2 % des dépenses ciblées. L'efficacité des mesures adoptées est donc remise en cause.

PARTIE I

LES FINANCES DE L'ÉTAT

TITRE I

LA NOTION DE BUDGET

Chapitre 1 - Présentation générale

Chapitre 2 - Les principes budgétaires

Fiche 4

Les dépenses publiques

I - DÉFINITION

Les dépenses publiques sont l'ensemble des dépenses effectuées par les administrations publiques. Dans le langage traditionnel, on entend par « administrations publiques » les quatre acteurs suivants :

- l'État ;
- les organismes divers d'administration centrale (ODAC), financés principalement par des subventions de l'État ou des affectations de recettes votée en loi de finances (Pôle Emploi, CNRS, Conservatoire du littoral…) ;
- les administrations publiques locales (APUL) constituées par l'ensemble des collectivités territoriales (régions, départements, communes et groupements de communes) mais aussi par divers organismes d'administration locale (ODAL : chambres consulaires, centres communaux d'action sociale, caisses des écoles…) ;
- les administrations de Sécurité sociale (ASSO) regroupant les hôpitaux et l'ensemble des régimes de Sécurité sociale ainsi que les régimes de retraite complémentaire.

II - NATURE DES DÉPENSES PUBLIQUES

Le terme « dépenses publiques » recouvre un périmètre plus élargi que les anciennes « charges publiques » que Gaston Jèze évoquait en soulignant la nécessité de les couvrir. À l'époque, ces charges étaient financées par l'impôt et étaient réduites aux seules dépenses de la force publique et de l'administration de l'État. Or aujourd'hui, les dépenses publiques sont très diversifiées et comprennent :

- la rémunération des agents publics (salaires et traitements bruts, cotisations sociales) ;
- les dépenses de fonctionnement courant des administrations (charges générales, carburant, frais de téléphone, fournitures de bureau, loyers…) ;
- les dépenses d'investissement ;
- les charges d'intérêt de la dette ;
- les transferts aux ménages (prestations sociales par exemple).

III - QUELQUES CHIFFRES

A - Évolution de la répartition des dépenses publiques

Entre 1960 et 2010, les dépenses publiques ont évolué comme suit (source : INSEE) :

Types de dépenses	1960	2010
Investissement	8 %	6 %
Fonctionnement	42 %	34 %
Prestations sociales	32 %	46 %
Charges d'intérêt	3 %	4 %
Autres	15 %	10 %

On notera que le poste « prestations sociales » a significativement augmenté. Il s'agit des branches « maladie » et « vieillesse » de la Sécurité sociale. Quant à la charge de la dette, la faible hausse (+ 1 %) du montant des intérêts (qui s'explique par une baisse des taux) ne doit pas occulter l'augmentation constante de la dette. Celle-ci aura ainsi été multipliée par 16 entre 1980 et 2009…

B - Répartition des dépenses publiques par fonctions

En 2009 selon l'INSEE, les principaux postes de dépense publique ont concerné la protection sociale et la santé. Les services publics généraux (justice, transferts aux collectivités territoriales…) se sont placés avant les dépenses liées à l'éducation nationale et la recherche (enseignement supérieur).

Fonctions	Parts relatives
Services publics généraux	12,82 %
Défense nationale	3,32 %
Sécurité publique	2,35 %
Affaires économiques	5,54 %
Protection de l'environnement	1,56 %

Logement et développement urbain	3,65 %
Santé	14,78 %
Loisirs, culture	2,96 %
Éducation nationale, recherche	11,02 %
Protection sociale	42 %

IV - LA MAÎTRISE DES DÉPENSES PUBLIQUES ?

En janvier 2010, le Président de la République a souhaité inscrire dans la Constitution l'exigence de redressement des finances publiques sous la forme d'une loi-cadre de programmation sur quatre années s'imposant aux lois de finances annuelles. Après son adoption par les commissions de l'Assemblée nationale et du Sénat, le projet de loi constitutionnelle relatif à l'équilibre des finances publiques devra être adopté dans les mêmes termes par les deux chambres puis soumis à référendum ou au vote du Parlement réuni en Congrès à Versailles. Dans cette dernière hypothèse, le texte devra recueillir une majorité des trois cinquièmes des suffrages exprimés.

Fiche 5

Les grands chiffres du budget de l'État pour 2011

I - LA LOI DE FINANCES INITIALE POUR 2011

Le budget de l'État pour l'année 2011 a été définitivement arrêté par la loi du 29 décembre 2010 portant loi de finances. L'examen du texte permet de faire ressortir quelques caractéristiques majeures.

Le Gouvernement s'est engagé à réduire de 6 % le déficit public de l'État au cours de l'année 2011. Cette perspective se fonde sur une stricte maîtrise des dépenses de fonctionnement (titre III) et de personnel (non remplacement d'un fonctionnaire sur deux partant en retraite), une partie des économies dégagées devant contribuer au financement de la réforme des retraites.

Le budget 2011 doit également achever la mise en œuvre de la réforme de la taxe professionnelle supprimée le 1er janvier 2010. À cet égard, la loi de finances prévoit donc d'ajuster la contribution économique territoriale (CET) qui a pour finalité de la remplacer.

Le Gouvernement a par ailleurs souhaiter réduire de manière significative les « niches » fiscales accordées aux particuliers ou aux professionnels en échange d'investissement, d'acquisitions ou de dépenses dans plusieurs domaines d'activités (services à la personne…).

La dernière caractéristique de la loi de finances concerne les nouvelles modalités d'aide à l'accession au logement. Jusqu'en 2011, il était possible de déduire, pour l'acquisition d'un logement (résidence principale), les intérêts d'emprunt du montant d'impôt sur le revenu. Cette mesure jugée excessivement coûteuse par les pouvoirs publics a été abandonnée. Une réforme du « prêt à taux zéro » (PTZ) a été parallèlement engagée. Le nouveau PTZ sera ainsi octroyé sans condition de ressources jusqu'au 31 décembre 2014 et ne pourra servir que pour l'achat d'une première résidence.

II - QUELQUES CHIFFRES DU BUDGET VOTÉ POUR L'ANNÉE 2011

A - Les recettes attendues (estimations)

Recettes prévues	Montants (Md€)
Impôt sur le revenu	52,18
Impôt sur les sociétés	44,83
Taxe intérieure sur les produits pétroliers (TIPP)	14,07
Taxe sur la valeur ajoutée (TVA)	130,85

B - Les dépenses réparties par titres budgétaires

En ce qui concerne le budget général et les comptes d'affectation spéciale, les dépenses qui s'y rapportent se répartissent pour 2011 entre les différents titres suivants :

Titres budgétaires	Montants (Md€)	Parts
Titre I	1	0,32 %
Titre II	128,1	41,60 %
Titre III	44,7	14,52 %
Titre IV	45,4	14,75 %
Titre V	12,6	4,09 %
Titre VI	70,9	23,03 %
Titre VII	5,2	1,69 %

Fiche 6 La définition du budget de l'État

Selon l'article 6 de la LOLF, les ressources et les charges budgétaires de l'État sont retracées dans un budget, sous forme de recettes et de dépenses. Ce budget décrit pour une année l'ensemble des recettes et des dépenses budgétaires de l'État.

I - LE BUDGET EST UN ACTE POLITIQUE

Comme l'affirmait Gaston Jèze, le budget de l'État est un acte politique. C'est en effet avant tout un instrument financier au service de la politique gouvernementale permettant la réalisation de projets. C'est la raison pour laquelle, il est susceptible d'évoluer avec le temps, en fonction des objectifs fixés par le Gouvernement et déclinés ensuite auprès de chaque ministère. De la même façon, il n'est pas surprenant de constater, notamment en cas d'alternance politique, de profondes inflexions dans le contenu des budgets des majorités successives.

Le budget est aussi un enjeu de pouvoir et de débat politique qui focalise traditionnellement les critiques de l'opposition lors des différentes étapes de la procédure budgétaires. Pour autant, dans une économie marquée par la mondialisation, l'autonomie des gouvernements à l'égard de la procédure budgétaire pourrait bien se trouver significativement limitée. Par exemple, au sein de l'Union économique et monétaire, l'encadrement par les critères de Maastricht de la part maximale de déficit budgétaire par rapport au PIB (3 %) constitue une contrainte non négligeable. En somme les États membres ne maîtrisent plus totalement ni le contenu de leurs budgets, ni les mesures pour leur mise en œuvre.

Enfin, il ne faut pas non plus perdre de vue que budget et échéances électorales sont souvent associées. À l'approche d'élections, le budget est susceptible d'être adapté, en particulier lorsqu'il s'agit de ne pas accroitre la pression fiscale (impôts) : ceci suppose soit de réduire certaines dépenses, soit d'imaginer de nouvelles recettes (taxes). Le budget doit en effet être équilibré, au besoin en ayant recours à l'emprunt en cas de déficit (dépenses supérieures aux recettes).

II - LE BUDGET EST UN ACTE DE PRÉVISION ET D'AUTORISATION

L'article 4 du décret du 29 décembre 1962 portant règlement général sur la comptabilité publique précise que le budget est l'acte par lequel sont prévues et autorisées les recettes et les dépenses des organismes publics. Dire que le budget est un acte de prévision signifie qu'il porte évidemment sur l'exercice suivant : il doit intégrer certains éléments de perspective économique (par exemple le taux prévus de croissance ou d'inflation). Mais le budget doit aussi prendre en compte les réalisations passées, en particulier le solde du budget exécuté de l'exercice précédent (excédent ou déficit) qui est déterminé par la loi de règlement. Il faut aussi noter qu'en raison de son caractère prévisionnel, le budget peut (et doit) être ajusté au cours de son exécution de manière à prendre en compte tout événement économique majeur (par exemple, lors de la crise financière, la levée des fonds nécessaires au soutien des banques). C'est l'objet des lois de finances rectificatives dont la pratique est courante en France.

Le budget est également un acte d'autorisation. Celle-ci est accordée chaque année (principe d'annualité budgétaire) par le Parlement au Gouvernement pour percevoir les recettes (notamment les impôts) et engager les dépenses. C'est une autorisation législative qui conforte le rôle dévolu au Parlement pour contrôler l'action gouvernementale. Il faut à cet égard noter que cette autorisation est préalable, c'est-à-dire qu'elle doit en principe précéder toute opération d'exécution de la loi de finances, en perception de recette ou en engagement de dépense. Dans l'hypothèse où le Parlement refuserait son autorisation au Gouvernement (concrètement si la loi de finances n'était pas votée dans les délais), l'article 45 de la LOLF prévoit une procédure d'urgence urgence pour ne pas pénaliser le fonctionnement des institutions et compromettre la continuité des services publics.

III - LE BUDGET N'EST PAS LA LOI DE FINANCES

Dans le langage courant, on a souvent tendance à considérer que les deux termes sont synonymes. En réalité il n'en est rien : le budget est l'un des sous-ensembles des lois de finances qui sont plus vastes en termes de contenu. Le budget est ainsi un ensemble de prévisions chiffrées, en dépenses et en recettes. Ces dernières sont ventilées par grands agrégats et devront faire l'objet d'une autorisation parlementaire. Le terme de lois de finances est de son côté très détaillé par l'article 34 de la LOLF qui y associe de nombreux autres éléments. Par ailleurs, la loi de finances est la traduction juridique de l'instrument financier et comptable qu'est le budget. Sur la forme comme sur le fond, elle n'a donc ni les mêmes fonctions, ni la même portée.

Fiche 7 Les différentes lois de finances

On trouve trois types de lois de finances : la loi de finances initiale (LFI), les lois de finances rectificatives et la loi de règlement. Il faut à cet égard noter que depuis 2006, l'appellation « loi de règlement » a évolué : on parle désormais de « loi de règlement des comptes et rapport de gestion ».

I - LA LOI DE FINANCES INITIALE ET SES ANNEXES

A - La loi de finances initiale

Selon l'article 1 de la LOLF, les lois de finances « *déterminent, pour un exercice, la nature, le montant et l'affectation des ressources et des charges de l'État, ainsi que l'équilibre budgétaire et financier qui en résulte* ». Elles se composent de deux parties distinctes (article 34).

La première partie de la loi de finances initiale (LFI) correspond à l'évaluation globale des ressources de l'État, notamment aux impôts. Elle comporte également les autorisations de recourir à l'emprunt et arrête les données générales de l'équilibre budgétaire. Enfin, cette partie fixe les dépenses du budget général et de chaque budget annexe ainsi que les effectifs (ou « plafonds ») des emplois rémunérés par l'État. Ce dernier aspect est présenté en étroite relation avec la seconde partie de la loi de finances.

Schématiquement, la seconde partie fixe pour le budget général et par mission le montant des autorisations d'engagement (AE) et des crédits de paiement (CP). En complément des éléments de la première partie, elle répartit, cette fois entre les ministères, le plafond des autorisations d'emplois (effectifs rémunérés).

B - Les documents annexés

La LOLF prévoit que le projet de loi de finances (PLF) soit accompagné d'un très grand nombre d'annexes destinés à l'information du Parlement. Certains d'entre eux doivent être déposés en même temps que le PLF.

Il s'agit d'abord du rapport sur la situation et les perspectives économiques, sociales et financières de la nation (article 50). Ce document comprend la présentation des hypothèses, sur la base desquelles est établi le projet de loi de finances de l'année. Il explicite les perspectives d'évolution sur quatre années des recettes, des dépenses et du solde budgétaire des administrations publiques.

L'article 51-4 de la LOLF prévoit ensuite de fournir les prévisions des recettes ainsi qu'une présentation des mesures envisagées pour assurer le respect du plafond des dépenses du budget général voté par le Parlement.

Un rapport doit également retracer l'ensemble des prélèvements obligatoires ainsi que leur évolution (article 52) en vue de préparer l'examen du PLF et du projet de loi de financement de la Sécurité sociale (PLFSS).

L'article 51-5 mentionne aussi l'existence d'annexes explicatives (« bleus budgétaires », couleur de leur couverture) qui doivent être accompagnées d'un projet annuel de performance (PAP) pour chaque programme. Ces PAP doivent préciser la présentation des actions qui les composent, les coûts associés, les objectifs poursuivis, les résultats attendus pour les années à venir ainsi que les indicateurs servant à les mesurer. Une valeur cible doit être associée à chaque indicateur.

Les documents annexes « *prévues par les lois et règlements destinées à l'information et au contrôle du Parlement* » (article 51-7 de la LOLF) doivent enfin détailler au sein d'un document unique les moyens octroyés au titre du budget de l'État dans un domaine d'intervention donné. En complément de ce recensement des crédits, ces « jaunes budgétaires » analysent les actions menées au cours des exercices antérieurs tout en précisant les perspectives envisagées pour l'exercice suivant.

II - LES LOIS DE FINANCES RECTIFICATIVES (OU COLLECTIFS BUDGÉTAIRES)

Les lois de finances rectificatives (article 35) peuvent, en cours d'année, modifier les dispositions de la LFI. Ces lois qui introduisent une dimension *infra* annuelle au sein des lois de finances doivent être présentées dans les mêmes formes que les lois de finances initiales.

Il peut y avoir plusieurs lois de finances rectificatives au cours de l'exercice budgétaire ; elles ajustent alors les prévisions de la loi de finances initiale ou permettent de prendre en compte des évolutions conjoncturelles déterminantes. À titre d'exemple, une loi de finances rectificative a été adoptée en février 2010, à peine deux mois après l'entrée en vigueur de la loi de finances. Il s'agissait d'intégrer les conséquences de la crise financière au plan interne et de tenter des limiter par le lancement d'un « grand emprunt national » (35 Md€) pour favoriser la reprise économique.

La loi de finances initiale pour 2010 a fait l'objet de quatre lois de finances rectificatives (la dernière datant du 29 décembre 2010).

III - LA LOI DE RÈGLEMENT DES COMPTES

A - L'objectif de la loi de règlement des comptes

L'article 37 de la LOLF détaille avec une grande précision les grandes finalités de la loi de règlement des comptes (dont l'ancienne appellation était seulement « loi de règlement »). Cette loi arrête le montant définitif des recettes et des dépenses du budget auquel elle se rapporte ainsi que le résultat budgétaire qui en découle. Elle arrête par ailleurs le montant définitif des ressources et des charges de trésorerie ayant concouru à la réalisation de l'équilibre financier de l'année correspondante. Elle doit aussi approuver le compte de résultat de l'exercice et affecter le résultat comptable au bilan. Enfin, elle peut comporter toutes dispositions relatives à l'information et au contrôle du Parlement sur la gestion des finances publiques, la comptabilité de l'État et le régime de la responsabilité pécuniaire des agents des services publics.

B - Le contenu de la loi de règlement des comptes

L'article 54 de la LOLF précise le contenu de la loi de règlement des comptes. Elle doit comprendre des tableaux de financement qui font apparaître la façon dont l'État a financé son activité au cours de l'exercice précédent. Y figurent également le compte de résultat et le bilan de l'État. De nombreux documents y sont annexés, notamment les rapports annuels de performance (RAP) qui, présentés sous la même forme que les projets annuels (PAP), détaillent les résultats atteints. Ces rapports favorisent l'évaluation de l'utilisation des crédits au regard des objectifs fixés par l'analyse des écarts entre prévisions et réalisations.

C - Le « chaînage vertueux »

Le projet de loi de règlement des comptes et rapport de gestion doit être déposé avant le 1er juin de l'année qui suit celle auquel il se rapporte (article 46). Concrètement, le projet de loi de règlement des comptes et rapport de gestion pour l'année 2009 a été déposé devant l'Assemblée nationale le 26 mai 2010. Par ailleurs, le projet de loi de finances de l'année suivante ne peut être mis en discussion devant une assemblée avant le vote par celle-ci du projet de loi de règlement des comptes (article 41). Cette notion connue sous le nom de « chaînage vertueux » permet donc aux parlementaires de connaître au cours de l'année N le résultat comptable de l'exercice N-1 avant d'envisager les vote des crédits prévus pour l'année N+1.

Fiche 8 La LOLF et la réforme budgétaire

I - HISTORIQUE ET MISE EN PLACE DES PRINCIPES

La loi organique relative aux lois de finances (LOLF), promulguée le 1er août 2001, remplace l'ordonnance n° 59-2 du 2 janvier 1959. Plus de quatre années après le début des travaux préparatoires, le texte marque une profonde réforme des conditions de préparation, d'exécution et de contrôle des lois de finances. C'est d'ailleurs pour cela que la LOLF a prévu dans son dernier titre (titre VI : « *entrée en vigueur et application de la loi organique* ») une mise en application échelonnée de ses principes. Et ce n'est que pour la loi de finances de l'année 2006 que la LOLF sera intégralement appliquée.

II - LES GRANDS ASPECTS DE LA RÉFORME BUDGÉTAIRE

Sans prétendre à exhaustivité, les changements induits par la loi organique peuvent être présentés comme suit :

A - Une nouvelle nomenclature budgétaire

L'article 7 de la LOLF institue un nouveau découpage budgétaire en trois niveaux : les missions, les programmes et les actions. Cette nomenclature remplace ainsi celle qui prévalait sous le régime de l'ordonnance de 1959 (titres, chapitres et articles budgétaires).

B - Un budget de l'État orienté vers la performance des politiques publiques

La généralisation des projets et des rapports annuels de performance (PAP et RAP) donne une nouvelle dimension aux dépenses publiques. La définition d'objectifs et d'indicateurs pour chaque programme permet aux différents ministères de suivre, au cours de l'exercice budgétaire, le déroulement de leurs missions tout en mettant en évidence des écarts par rapport aux prévisions. Il leur appartient alors de les expliquer et de les limiter jusqu'en fin d'année.

C - L'instauration de trois comptabilités

L'article 27 du texte identifie trois comptabilités différentes : une comptabilité des recettes et des dépenses budgétaires, une comptabilité générale de l'ensemble de ses opérations et une comptabilité destinée à analyser les coûts des différentes actions engagées dans le cadre des programmes.

La comptabilité budgétaire comprend une comptabilité des engagements et une comptabilité des paiements. Elle permet de suivre la mise en place des crédits et leur utilisation. La comptabilité générale est une comptabilité d'exercice permettant de donner une image fidèle du patrimoine et de la situation financière de l'État et de décrire ses recettes et ses dépenses par nature (achats, rémunérations du personnel, immobilisations, charges financières, provisions...). Enfin, l'analyse du coût des actions permet de compléter l'information du Parlement par l'analyse de l'ensemble des moyens budgétaires affectés directement ou indirectement à chaque programme en vue de la réalisation de ses actions. Il s'agit d'une analyse basée sur la ventilation de charges de différentes natures (rémunérations, achats externes, investissements...) au moyen de clés de répartition qui permet, *in fine*, d'avoir une vision globale du coût d'un ou de plusieurs programmes.

D - Le renforcement des pouvoirs du Parlement

La représentation nationale voit son rôle élargi, contrairement aux pratiques instituées (services votés et mesures nouvelles) sous le régime de l'ordonnance de 1959. Désormais, le Parlement bénéficie d'une information plus complète et plus lisible, en particulier par les états annexés aux projets de lois de finances (justification au premier euro, projet annuel de performance). Par ailleurs son pouvoir d'amendement est élargi, allant jusqu'à pouvoir redéployer les crédits entre plusieurs programmes d'une même mission. Les commissions des finances de l'Assemblée nationale et du Sénat ont un accès renforcé aux informations qui les concernent par un droit de communication et d'audition de toute personne jugée utile au débat. Enfin, le Parlement bénéficie de l'assistance de la Cour des comptes (article 58 de la LOLF).

Fiche 9 Le principe d'unité budgétaire

I - CONTENU DU PRINCIPE D'UNITÉ BUDGÉTAIRE

Selon l'article 6 de la LOLF, « *l'ensemble des recettes assurant l'exécution de l'ensemble des dépenses, toutes les recettes et toutes les dépenses sont retracées sur un compte unique, intitulé budget général* ».

Dans une conception classique, le principe d'unité était justifié par deux considérations. La première, politique, tenait à la volonté d'un meilleur contrôle financier du budget de l'État par le Parlement qui plus facilement en mesure de jouer son rôle face à un nombre réduit de documents. Le second argument était davantage économique : un document unique facilitait la prise en compte du solde budgétaire général alors qu'une multiplicité de comptes pouvait fausser l'analyse : en effet, une partie du budget pouvait être en excédent alors que d'autres se trouver en déficit. La globalisation dans un seul document donnait donc une lecture directe des finances de l'État.

Cette conception classique ne répond plus vraiment aujourd'hui à la réalité financière dans laquelle les pouvoirs publics évoluent. Cela s'explique d'abord par la mise en œuvre des dispositions de la LOLF dont l'un des objectifs affichés était de restaurer les pouvoirs du Parlement qui, depuis le début des années 1970, avait été relégué au rôle de chambre d'enregistrement du budget de l'État. En effet, la pratique des services votés (qui aboutissait à reconduire d'une année sur l'autre l'essentiel des masses financières de la loi de finances) l'avait privé de toute influence significative dans le débat budgétaire. Tant les principes de préparation et d'adoption de la loi de finances que ceux relatifs à la gestion des crédits en cours d'année conduisent donc, désormais, à un renforcement notable de ses pouvoirs.

Il reste que l'unité affichée du budget de l'État a toujours semblé intrinsèquement fragile à justifier. L'article 40 de l'ordonnance portant loi organique relative aux lois de finances disposait, déjà en 1959, que la seconde partie de la loi de finances de l'année ne pouvait être mise en discussion devant une assemblée avant le vote de la première partie. Cela officialisait donc le caractère fractionné de la loi de finances et consacrait l'absence d'unité du budget. Cette procédure a d'ailleurs été explicitement reconnue par Conseil constitutionnel (voir en ce sens la décision n° 79-110 DC du 24 décembre 1979 relative à la loi de finances pour 1980) qui a considéré que la loi de finances pour 1980, n'ayant pas été adoptée conformément aux dispositions de l'ordonnance du 2 janvier 1959, était contraire à la constitution.

Mais au-delà de ses limites théoriques, c'est surtout la pratique budgétaire qui révèle la force des exceptions à ce principe.

II - LES EXCEPTIONS AU PRINCIPE D'ANNUITÉ

On distingue deux aménagements au principe d'unité budgétaire.

A - Les budgets annexes

Les budgets annexes peuvent retracer, dans les conditions prévues par une loi de finances, les seules opérations des services de l'État non dotés de la personnalité morale résultant de leur activité de production de biens ou de prestation de services donnant lieu au paiement de redevances (article 18 de la LOLF). Les budgets annexes se caractérisent par l'individualisation comptable qui permet d'isoler certaines activités de production de biens ou de services produits par l'État. L'objectif poursuivi est d'optimiser la gestion de ces activités, par l'affectation de recettes à des dépenses déterminée ce qui constitue une exception notable au principe de non affectation. Seule une loi de finances peut créer un budget annexe et lui affecter des recettes. Depuis le début des années 2000, le nombre de budgets annexes a diminué. Il en reste deux dans la loi de finances pour 2011 :

- le budget annexe « contrôle et exploitation aériens » (ou Direction générale de l'aviation civile) ;
- le budget annexe « publications officielles et information administrative » (ou Direction générale des publications officielles).

B - Les comptes spéciaux du Trésor

Les comptes spéciaux du Trésor sont créés par les lois de finances ; ils constituent des missions (au sens de la LOLF) dont les crédits sont votés séparément. Leur solde (excédent ou déficit) est reporté sur l'année suivante. On trouve quatre 4 types de comptes spéciaux du Trésor.

Les comptes d'affectation spéciale qui retracent, dans les conditions prévues par une loi de finances, des opérations budgétaires financées au moyen de recettes particulières qui sont, par nature, en relation directe avec les dépenses concernées (article 21 de la LOLF). En application de l'article 19, ces comptes ne peuvent être ouverts que par une loi de finances. On trouve huit comptes d'affectation spéciale dans la LFI pour 2011 (exemple : compte « contrôle de la circulation et du stationnement routiers »).

Les comptes de commerce qui retracent des opérations de caractère industriel et commercial effectuées à titre accessoire par des services de l'État non dotés de la personnalité morale (article 22). On trouve 11 comptes de commerce dans la LFI pour 2011 (exemple : compte « cantine et travail des détenus dans le cadre pénitentiaire »)

Les comptes d'opérations monétaires qui retracent les recettes et les dépenses de caractère monétaire (article 23). On trouve trois comptes d'opérations monétaires dans la LFI pour 2011 (exemple : compte « émission des monnaies métalliques »).

Les comptes de concours financiers (article 24) qui retracent les prêts et avances consentis par l'État. On trouve sept comptes de concours financiers dans la LFI pour 2011 (exemple : compte « prêts à des États étrangers »).

III - L'AVENIR DE L'ANNUITÉ BUDGÉTAIRE : ENTRE DÉBUDGÉTISATION ET BUDGETS AUTONOMES ?

L'unité budgétaire est un gage d'exhaustivité : l'intérêt d'un seul document est d'y voir figurer toutes les dépenses. Toutefois si l'analyse précédente a démontré qu'il n'en était rien, en particulier du fait de l'existence de nombreuses exceptions, voici que de nouvelles inflexions viennent encore fragiliser l'édifice et priver le Parlement de ses pouvoirs de contrôle. Il s'agit des techniques de débudgétisation qui, depuis une quarantaine d'années, viennent extraire du budget général des postes de dépenses pour les transférer à d'autres acteurs. Or en 1994, le Conseil constitutionnel avait été amené à censurer l'une des dispositions de la loi de finances pour 1995 considérant certaines dépenses comme budgétaires par nature en raison de leur caractère permanent (décision n° 94-351 DC du 29 décembre 1994). Malgré tout la pratique de débudgétisation perdure : dans la loi de finances pour 2011, c'est le cas de certaines interventions agricoles (progressivement prises en charge par les chambres d'agriculture) ou du financement des dépenses de développement et d'amélioration de l'offre de logement (désormais assuré par les organismes HLM)…

Parallèlement, les budgets autonomes foisonnent. Il s'agit d'organismes publics dont les comptes ne sont pas intégrés dans la loi de finances mais qui reçoivent d'importantes contributions de la part de l'État. Tel est le cas des collectivités territoriales qui bénéficient d'une autonomie financière garantie par l'article 72-2 de la Constitution (« *les collectivités territoriales bénéficient de ressources dont elles peuvent disposer librement dans les conditions fixées par la loi* »). Il en va de même des établissements publics nationaux (musée du Louvre, Académie de Marine, CNED…).

Fiche 10 Le principe d'universalité budgétaire

I - LE PRINCIPE

Principe ancien qui figurait déjà dans l'ordonnance de 1959 (article 18), le Conseil constitutionnel a eu plusieurs fois l'occasion de rappeler son contenu et sa portée. Dans sa décision du 29 décembre 1982 relative à la loi de finances pour 1983, il indique que le principe d'universalité budgétaire « *répond au double souci d'assurer la clarté des comptes de l'État et de permettre, par là même, un contrôle efficace du Parlement ; qu'il a pour conséquence que les recettes et les dépenses doivent figurer au budget pour leur montant brut sans être contractées et qu'est interdite l'affectation d'une recette déterminée à la couverture d'une dépense déterminée* » (considérant n° 20). Le principe d'universalité budgétaire a aussi été rappelé par l'article 6 de la LOLF : « *il est fait recette du montant intégral des produits, sans contraction entre les recettes et les dépenses* ».

L'universalité budgétaire remplit un double rôle. Au plan technique, elle est un gage de la lisibilité des comptes de l'État. Elle offre aussi l'avantage de présenter de manière exhaustive les dépenses et les recettes. Au plan politique, l'universalité permet au Parlement d'assurer ses missions d'autorisation et de contrôle de manière efficace.

II - LA PORTÉE DU PRINCIPE

La portée de l'universalité est donc double : d'une part il ne peut y avoir de contraction entre les dépenses et les recettes ; d'autre part, il ne peut y avoir de corrélation, établie à l'avance, entre certaines dépenses et certaines recettes.

A - La règle de non contraction (ou principe du produit brut)

En application de cette règle, il n'est pas possible à un ministère de présenter au vote du Parlement un budget qui omettrait certaines dépenses du fait de l'existence de recettes spécifiques les finançant directement. D'une manière plus générale, le Parlement se doit donc d'exercer son contrôle sur une liste exhaustive de dépenses et de recettes et non sur un solde global.

B - La règle de non affectation

Selon ce principe, une recette ne peut être affectée à une dépense particulière. Les ressources de l'État constituent un ensemble global devant financer l'ensemble des dépenses inscrites au budget. Cette règle est fondamentale : à, défaut d'exister, l'affectation d'une recette spécifique à une dépense précise conduirait, chaque année, à faire varier certaines dépenses en fonction des ressources. Or les dépenses publiques ne peuvent pas être soumises à des aléas de financement. Il en va donc de l'équilibre général du fonctionnement de l'État d'appréhender globalement les moyens dont il va pouvoir bénéficier pour l'exercice de ses missions. De manière corollaire, les administrations ne peuvent pas rechercher leurs propres modes de financement : toutes les ressources dont elles bénéficient doivent avoir été avalisées par la représentation nationale. Les recettes dont un ministère serait éventuellement à l'origine reviendraient en conséquence de plein droit au niveau du budget général de l'État.

III - LES EXCEPTIONS AU PRINCIPE

A - Les exceptions à la règle de non contraction

Il existe une dérogation importante à la règle du produit brut : elle est d'ailleurs explicitement prévue par la LOLF (article 6) qui énonce qu'un « *montant déterminé de recettes de l'État peut être rétrocédé directement au profit des collectivités territoriales ou des Communautés européennes en vue de couvrir des charges incombant à ces bénéficiaires* ».

Cette exception est plus connue sous le terme de « *prélèvements sur les recettes de l'État* ». Les prélèvements sur recettes sont financés à partir des recettes du budget général mais ils ne sont pas inscrits dans la partie « dépenses » de la loi de finances. Ils sont apparus à la fin des années 60, au moment où il convenait de fournir aux collectivités territoriales de nouvelles ressources à la suite de modifications substantielles de la fiscalité locale. Par la suite, en 1973, de nouveaux prélèvements ont aussi été opérés au profit de l'Union européenne.

Pour le budget 2011, le prélèvement sur recettes au profit des collectivités territoriales a été évalué à 55,2 Md€ ; celui pour l'Union européenne été estimé à 18 Md€.

B - Les exceptions à la règle de non affectation

De nombreuses exceptions au principe de non affectation existent : les fonds de concours, les rétablissements de crédit, les budgets annexes et les comptes spéciaux du Trésor.

Les fonds de concours permettent d'ouvrir des financements et de les affecter au paiement de certaines dépenses (article 17 de la LOLF). Il s'agit, par exemple, du fonds de concours destiné à recueillir le produit de la vente des biens confisqués en matière d'infractions à la législation sur les stupéfiants. Il a été prévu que ces financements seraient consacrés à l'amélioration des moyens en équipement et en fonctionnement des services de plusieurs ministères (intérieur, budget, défense, justice et affaires sociales).

Les rétablissements de crédit (article 17) ne correspondent pas véritablement à des mouvements de crédits. Il s'agit d'une procédure spécifique d'annulation d'une dépense. Le service créancier ne bénéficie pas d'une majoration de ses crédits mais la recette perçue vient annuler la dépense qu'il a réalisée. Cette procédure est autorisée depuis 2008 en matière d'aide juridictionnelle ; elle permet une dépense supérieure aux crédits inscrits. En effet, les dépenses liées à l'aide juridictionnelle sont minorées des sommes qui sont ensuite recouvrées par le Trésor public sur les parties perdantes non bénéficiaires de l'aide lorsque les jugements leur imputent les dépens. Ainsi, en 2009, la dépense budgétaire de 308,42 M€ hors rétablissements de crédits a été ramenée à 299, 93 M€ après imputation des sommes rétablies.

Les budgets annexes (article 18) bénéficient des ressources affectées à leurs dépenses de fonctionnement et d'investissement.

Les comptes spéciaux du Trésor, en particulier les comptes d'affectation spéciale (article 21), retracent dans les conditions prévues par une loi de finances des opérations budgétaires financées au moyen de recettes particulières qui sont par nature en relation directe avec les dépenses concernées (article 21 de la LOLF).

Fiche 11 Le principe de spécialité budgétaire

I - LE CONTENU DU PRINCIPE DE SPÉCIALITÉ BUDGÉTAIRE

Sous le régime de l'ordonnance de 1959, le principe de spécialité budgétaire emportait deux conséquences. Au plan de la présentation budgétaire, les crédits étaient répartis suivant une nomenclature classique composée de chapitres budgétaires ; en termes d'autorisation parlementaire, le budget était voté par chapitres.

La LOLF apporte des adaptations importantes à ce principe puisqu'il n'est désormais plus appliqué qu'à la présentation du budget (et non au vote). Le programme (sous-ensemble de la mission) devient donc l'unité de spécialisation des crédits (article 7 de la LOLF). Selon la LOLF, un programme « *regroupe les crédits destinés à mettre en œuvre une action ou un ensemble cohérent d'actions relevant d'un même ministère et auquel sont associés des objectifs précis, définis en fonction de finalités d'intérêt général, ainsi que des résultats attendus et faisant l'objet d'une évaluation* ». La mission quant à elle devient l'unité de vote des crédits.

II - LES EXCEPTIONS AU PRINCIPE DE SPÉCIALITÉ BUDGÉTAIRE

A - Les virements de crédits

Les virements de crédits viennent modifier au cours de l'exécution de la loi de finances la nature des dépenses à l'intérieur d'un même ministère. Conformément à l'article 12 de la LOLF et compte tenu de leur portée, ils sont strictement encadrés afin de ne pas vider de sa substance l'autorisation donnée par le Parlement. L'une de leur condition de validité est que leur montant cumulé, au cours d'une même année, ne peut excéder 2 % des crédits ouverts par la loi de finances de l'année pour chacun des programmes concernés.

B - Les crédits globaux

L'article 7 de la LOLF officialise la création d'une mission « provisions » tout à fait particulière, composée de deux dotations dont l'une pour « *dépenses accidentelles, destinée à faire face à des calamités et pour dépenses imprévisibles* ». Conformément à l'article 11, en tant que de besoin, les crédits ouverts cette ligne pourront être répartis par programme par décret. C'est donc à ce stade que ces crédits, non spécialisés au moment du vote de la loi de finances, le deviendront. Le montant de cette dotation est de 200 M€ dans le budget de l'année 2011.

C - Les fonds spéciaux du Premier ministre

Le régime juridique des fonds spéciaux est ancien : son origine remonte à la loi du 27 avril 1946 et, spécifiquement pour les fonds relevant de la sécurité extérieure, au décret du 19 novembre 1947.

Par définition, les fonds spéciaux ne sont pas spécialisés : il s'agit d'une masse financière mise à disposition du Premier ministre. Dans le découpage budgétaire, ces crédits figurent dans la mission « direction de l'action du Gouvernement » dont l'un des programmes « coordination du travail gouvernemental » comprend une action « coordination de la sécurité et de la défense ». Le montant des crédits attribués à cette action est de 54 M€ dans le budget de l'année 2011.

D - Les fonds des pouvoirs publics

La LOLF prévoit (article 7) qu'une mission spécifique regroupe les crédits des pouvoirs publics (Présidence de la République, assemblées parlementaires, Conseil constitutionnel et Cour de justice de la République). Chacun d'entre eux peut bénéficier d'une ou de plusieurs dotations. Ni les dispositions de la LOLF, ni celles du décret du 29 décembre 1962 portant règlement général sur la comptabilité publique ne sont applicables à la procédure budgétaire qu'ils doivent suivre : en pratique, les dotations budgétaires qui leur sont octroyées font l'objet d'une inscription globale d'office, sans aucune spécialisation des crédits.

À cet égard, le Conseil constitutionnel a d'ailleurs rappelé dans sa décision n° 2001-456 DC du 27 décembre 2001 relative à la loi de finances pour 2002 que « *la règle selon laquelle les pouvoirs publics constitutionnels déterminent eux-mêmes les crédits nécessaires à leur fonctionnement (...) est (...) inhérente au principe de leur autonomie financière qui garantit la séparation des pouvoirs* ». Le montant des crédits attribués à cette mission est d'environ 1 Md€ dans le budget de l'année 2011.

Fiche 12 Le principe d'annualité budgétaire

I - LE PRINCIPE

L'article 15 de la LOLF énonce que « *les crédits ouverts et les plafonds des autorisations d'emplois fixés au titre d'une année ne créent aucun droit au titre des années suivantes* ». Cette disposition signifie que le budget doit s'inscrire dans un cadre annuel à la fois quant à son vote et son exécution.

A - Le vote du budget

L'annualité budgétaire trouve son origine formelle dans la charte constitutionnelle du 4 juin 1814 dont l'article 49 indique que « *l'impôt foncier n'est consenti que pour un an* ». Cette situation n'est d'ailleurs pas surprenante à une époque marquée, comme on le sait, par une poussée significative du rôle dévolu au Parlement.

La France a choisi de faire coïncider ce vote qui matérialise l'autorisation parlementaire avec l'année civile. Le budget est donc voté chaque année pour un an. Mais d'autres États ont adopté des calendriers différents : tel est le cas de l'Australie (du 1er juillet au 30 juin), des États-Unis (1er octobre au 30 septembre) ou du Japon (1er avril au 30 mars).

B - L'exécution du budget

Les modalités pratiques de prise en compte de l'annualité budgétaire sont précisées par l'article 28 de la LOLF. Les recettes sont prises en compte au titre du budget de l'année au cours de laquelle elles sont encaissées par le comptable public. En ce qui concerne les dépenses, elles sont prises en compte au titre du budget de l'année au cours de laquelle elles sont payées par les comptables. Toutes les dépenses doivent être imputées sur les crédits de l'année considérée (même si la créance elle est ancienne et qu'elle remonte à l'année précédente).

C - La période complémentaire

Des difficultés peuvent néanmoins survenir en fin d'année, lorsqu'une dépense a été autorisée dans le cadre d'un exercice alors qu'elle sera achevée l'année suivante. En réponse, le droit français a instauré la pratique dite de la « période » (ou « journée ») complémentaire. Il ne s'agit pas d'une exception au principe de l'annualité mais bien d'une conséquence comptable de celui-ci.

La période complémentaire correspond à une phase consacrée à l'achèvement des dépenses et au recouvrement des recettes en fin d'année civile. D'une durée de 20 jours, elle prolonge fictivement l'année qui vient de s'écouler pour permettre de lui rattacher, pendant quelque temps, certaines charges et certains produits. En comptabilité, même si le nouvel exercice a déjà débuté et que la nouvelle loi de finances est en application, toutes les opérations passées au titre de cette période complémentaires seront censées avoir été effectuées au cours de l'exercice budgétaire précédent. C'est ce que prévoit la seconde partie de l'article 28 de la LOLF qui indique que « *des recettes et des dépenses budgétaires peuvent être comptabilisées au cours d'une période complémentaire à l'année civile, dont la durée ne peut excéder vingt jours* ».

II - LES EXCEPTIONS

Elles prennent deux formes : les reports de crédits et les budgets pluriannuels.

A - Les reports de crédits

Les règles de report de crédits non utilisés d'une année sur l'autre sont prévues à l'article 15 de la LOLF. On doit cependant distinguer la nature de ces crédits, qu'il s'agisse d'autorisations d'engagement (AE) ou de crédits de paiement (CP).

Les autorisations d'engagement constituent la limite supérieure des dépenses pouvant être engagées. Celles qui n'ont pas été consommées en fin d'année peuvent être reportées l'année suivante sur le même programme (au sens de la LOLF) ou sur un programme poursuivant les mêmes objectifs ; les crédits de l'année suivante seront donc majorés de ces reports.

Les crédits de paiement constituent la limite supérieure des sommes pouvant être payées pendant l'année pour couvrir les dépenses issues de l'utilisation des autorisations d'engagement. Contrairement aux AE qui comme le nom l'indique ne sont que des autorisations, les CP correspondent à de véritables sorties de caisse (trésorerie). Il n'est donc pas surprenant que la LOLF ait prévu, dans un souci de bonne gestion, des règles plus strictes relatives à leur report car il est toujours paradoxal de constater que des financements mis en place n'ont pas été dépensés. Les CP peuvent ainsi être reportés d'une année sur l'autre et sur le même programme dans la limite de 3 % des sommes initialement inscrites. Cette règle ne s'applique pas aux dépenses de personnel (tire II) qui ne peuvent faire l'objet d'aucun report.

Les reports doivent être autorisés par un arrêté conjoint du ministre chargé des finances et du ministre concerné ; ces arrêtés doivent être publiés au plus tard le 31 mars de l'année suivante.

B - Les budgets pluriannuels

Si l'annualité budgétaire demeure un élément essentiel d'un régime démocratique en raison du contrôle exercé périodiquement par le Parlement, il était aussi indispensable de mettre en place des mécanismes prospectifs à plus long terme, en particulier pour garantir le respect des engagements européens souscrits par la France. C'est dans ce but, à l'occasion de la révision générale des politiques publiques (RGPP), que le Président de la République a annoncé le 12 décembre 2007 la mise en place d'un budget pluriannuel pour la période 2009-2011.

La révision constitutionnelle du 23 juillet 2008 a complété l'édifice juridique en créant, notamment, une nouvelle catégorie de loi : les lois de programmation. Ces dernières, mentionnées à l'article 34 de la Constitution « *déterminent les objectifs de l'action de l'État* ». Par ailleurs, il est également prévu que des orientations pluriannuelles des finances publiques soient définies par des lois de programmation. Celles-ci devront impérativement s'inscrire dans l'objectif d'équilibre des comptes des administrations publiques.

Le premier budget pluriannuel a donc été préparé en 2008 et a porté sur les 2009, 2010 et 2011. Pour chaque politique publique (mission), l'idée était de pouvoir à la fois disposer d'axes de réformes structurelles à mettre en place, mais aussi - et surtout - d'enveloppes financières prévisionnelles et d'effectifs correspondants. Dans les faits, pour chacune des trois années considérées, des projets de loi de finances ont été déposés en conformité avec orientations financières prédéfinies.

Le même exercice a été présenté en juillet 2010 pour la période 2011-2013. Il s'agit d'un nouveau cadre triennal devant permettre la maîtrise des déficits publics, conformément aux critères de Maastricht. Plusieurs mesures ont donc été prises en ce sens :

- le gel en valeur des dépenses publiques qui signifie qu'elles ne seront plus indexées sur l'inflation ;
- pour les fonctionnaires, le remplacement d'un départ à la retraite sur deux ;
- la baisse de 10 % des dépenses de fonctionnement de l'État (dont 5 % dès 2011) ;
- une programmation triennale pour chaque politique publique (mission au sens de la LOLF) avec la fixation de plafonds de CP pour chaque année.

Fiche 13 Le principe de sincérité budgétaire

I - LA FORMALISATION DU PRINCIPE DE SINCÉRITÉ BUDGÉTAIRE

La loi organique relative aux lois de finances du 1er août 2001 consacre un nouveau principe : la sincérité budgétaire. La sincérité est caractéristique des règles comptables applicables dans le secteur privé où elle implique l'exhaustivité, la cohérence et l'exactitude des informations financières fournies. Ces dispositions de la LOLF sont nouvelles puisque l'ordonnance de 1959 n'y faisait pas allusion. L'article 32 du texte se trouve ainsi rédigé : « *les lois de finances présentent de façon sincère l'ensemble des ressources et des charges de l'État. Leur sincérité s'apprécie compte tenu des informations disponibles et des prévisions qui peuvent raisonnablement en découler* ».

II - LE CONTRÔLE DU PRINCIPE DE SINCÉRITÉ PAR LE CONSEIL CONSTITUTIONNEL

Depuis le début des années 1990, même en l'absence de toute consécration du principe, le Conseil constitutionnel a, à plusieurs reprises, exercé un contrôle de la sincérité des prévisions de recettes et des dépenses des projets de lois de finances dont il était saisi. À cet égard, quatre décisions remarquables peuvent être évoquées.

A - Décision n° 93-320 DC

Dans cette décision du 21 juin 1993, le Conseil constitutionnel a souhaité exercer ainsi un contrôle du respect des dispositions de l'article 16 de l'ordonnance n° 59-2 du 2 janvier 1959 portant loi organique relative aux lois de finances selon lesquelles « *le budget est constitué par l'ensemble des comptes qui décrivent, pour une année civile, toutes les ressources et toutes les charges permanentes de l'État* ». Il a donc procédé à un examen de l'exactitude des prévisions de ressources de la loi de finances rectificative pour 1993 et conclu, en l'espèce, que le recours à des évaluations de recettes par le Gouvernement ne méconnaissait aucun principe. Il énonce à cet égard : « *considérant que les ressources de l'État figurant dans les lois de finances de l'année et dans les lois de finances rectificatives ont un caractère prévisionnel et sont prises en compte sous forme d'évaluations ; que ces évaluations doivent tenir compte des effets économiques et financiers de la politique que le Gouvernement entend mener ; qu'eu égard au programme de privatisations présenté au titre de l'année 1993, l'inscription en recettes prévisionnelles d'une somme de 18 milliards de francs n'a pas méconnu la règle de l'article 16 de l'ordonnance susvisée* ».

B - Décision n° 94-351 DC

Dans cette décision du 29 décembre 1994, le Conseil constitutionnel se prononce encore plus clairement sur les évaluations chiffrées de la loi de finances pour 1995. Les députés, auteurs de la saisine soutenaient que les pratiques de débudgétisation, de report de crédits d'équipement et de sous-évaluation ou d'absence de prise en compte de nombreuses dépenses affectaient la sincérité d'ensemble des charges de la loi de finances. Le Conseil constitutionnel (considérant n° 18) se prononce d'une manière lapidaire : « *les dispositions contestées qui résultent de choix de gestion du Gouvernement ne méconnaissent aucun principe constitutionnel* ».

C - Décision n° 97-395 DC

Pour la première fois par cette décision du 30 décembre 1997 portant sur la loi de finances pour 1998, le Conseil a admis que l'irrégularité portant sur les fonds de concours représentait une « *atteinte (...) à la sincérité de la loi de finances* ». Il n'a cependant pas déclaré la loi déférée contraire à la Constitution mais il a exigé que le Gouvernement rectifie cette irrégularité dans le projet de loi de finances de l'exercice suivant (PLF pour 1999).

D - Décision n° 2001-448 D

Le Conseil constitutionnel était saisi par le Premier ministre de la loi organique relative aux lois de finances. Dans sa décision du 25 juillet 2001, il s'est prononcé sur le contenu de la notion de sincérité pour deux types de lois. En ce qui concerne la sincérité des lois de finances, « *la sincérité se caractérise par l'absence d'intention de fausser les grandes lignes de l'équilibre* » qui en procède. Mais il est beaucoup plus exigeant pour des lois de règlement pour lesquelles « *la sincérité s'entend (...) comme imposant l'exactitude des comptes* ».

III - PORTÉE

Le contenu des décisions successives du Conseil constitutionnel a permis d'identifier trois domaines différents d'application du principe de sincérité. S'agissant des prévisions de recettes et de dépenses des lois de finances, le principe de sincérité budgétaire suppose que les informations financières adressées au Parlement ne conduisent pas à des dissimulations de masses financières. En ce qui concerne les procédures d'affectation de recettes, les procédures doivent être scrupuleusement suivies afin de ne pas conduire à une minoration du déficit budgétaire. Enfin, s'agissant des lois de règlement, la sincérité implique l'exactitude comptable des écritures.

TITRE II

LE PROCESSUS BUDGÉTAIRE

Chapitre 1 - L'élaboration et l'adoption de la loi de finances

Chapitre 2 - L'exécution de la loi de finances

Fiche 14 La préparation du projet de loi de finances

La préparation du projet de loi de finances (PLF) pour l'année N+1 débute dès le mois de janvier de l'année N. Elle s'échelonne ensuite tout au long de l'année. Le calendrier qui suit est indicatif mais il est souvent suivi dans ses grandes lignes.

I - JANVIER

Des lettres de cadrage sont envoyées par le Premier ministre aux différents ministres à l'issue d'un séminaire gouvernemental dont l'objet est de définir la stratégie budgétaire de l'année suivante.

II - FÉVRIER, MARS

Lors de plusieurs conférences budgétaires, le ministre du budget analyse la situation de chaque ministère ainsi que leurs demandes de budget. Il identifie les axes de réforme possibles ainsi que les économies potentielles.

III - AVRIL

D'importants travaux relatifs à la performance des programmes (au sens de la LOLF) sont menés dans chaque ministère. Leur but est de déterminer les objectifs et les indicateurs qui seront présentés au Parlement au moment du débat d'orientation budgétaire (DOB). Ces éléments devront figurer dans les projets annuels de performance (PAP).

IV - MAI

Après arbitrage du Premier ministre et à partir des éléments transmis par chaque ministère à l'issue des conférences budgétaires, des lettres-plafond sont adressés aux différents ministres. Ces dernières officialisent pour chaque mission le montant des crédits et, pour chaque ministère, les plafonds d'effectifs. Les lettres qui précisent aux ministères les grandes orientations de la politique budgétaire du Gouvernement sont aussi transmises aux commissions des finances de l'Assemblée nationale et du Sénat.

V - JUIN, JUILLET AOÛT, SEPTEMBRE

En relation avec la direction du budget, les ministres répartissent les crédits entre les différents programmes d'une mission ; à l'intérieur des plafonds définis, les responsables de programme restent libres de déployer les crédits entre actions.

L'été est également l'occasion de finaliser les documents budgétaires et d'initier la justification au premier euro (JPE) qui remplace l'ancienne présentation des crédits sous le régime de l'ordonnance de 1959 (services votés, mesures nouvelles). Détaillant les crédits et les effectifs alloués, la JPE est un élément essentiel de sa bonne information parlementaire et un gage de la sincérité des projets de loi de finances. Elle constitue la troisième partie des projets annuels de performances (PAP) après la présentation stratégique du programme et la liste des objectifs et indicateurs de performance. Elle représente un volume significatif (plus de 5 000 pages) de l'ensemble des documents constituant le projet de loi de finances soumis à l'obligation de dépôt avant le premier mardi d'octobre (« bleus budgétaires »).

VI - OCTOBRE, NOVEMBRE

Conformément à l'article 70 de la Constitution, le Parlement dispose d'un délai de 70 jours pour l'examen et le vote du projet de loi de finances. Son vote doit porter sur chaque mission du budget. Il peut modifier la répartition des crédits entre les programmes d'une même mission. Cependant, il ne peut ni créer, ni aggraver une charge publique, ni diminuer une ressource publique, sauf si elle est compensée par l'augmentation d'une autre ressource.

L'Assemblée nationale bénéficie du privilège d'être saisie en premier de l'examen du PLF (article 39 de la Constitution). Elle doit donc l'analyser, éventuellement le modifier et l'adopter en première lecture dans un délai de 40 jours après le dépôt du projet. Le projet est ensuite transmis au Sénat. Lorsque la version adoptée par le Sénat diffère de celle adoptée par l'Assemblée nationale, une commission mixte paritaire doit rechercher un texte qui sera définitivement adopté par les deux assemblées.

À défaut d'adoption du texte par l'Assemblée nationale dans le délai de 40 jours, le Gouvernement saisit le Sénat qui doit statuer dans un délai de quinze jours. Si le Parlement ne s'est pas prononcé dans un délai de 70 jours, les dispositions du PLF peuvent être mises en vigueur par ordonnance.

VII - DÉCEMBRE

Une fois votée, la loi de finances peut être déférée au Conseil constitutionnel à la demande du Président de la République, du Premier ministre, du Président de l'Assemblée nationale, du Président du Sénat ou d'au moins soixante députés ou soixante sénateurs. La saisine suspend le délai de promulgation.

Le texte ensuite est présenté à la signature du Président de la République pour sa promulgation. Les dispositions éventuellement censurées par le Conseil constitutionnel ne peuvent rentrer en vigueur. Elles pourront être modifiées par une loi de finances rectificative en cours d'exercice. Le texte, devenu loi, est enfin publié au Journal officiel.

Fiche 15 La nomenclature budgétaire

I - LES PRINCIPES DE L'ORDONNANCE DU 2 JANVIER 1959

Sous le régime de l'ordonnance du 2 janvier 1959 (article 6), le budget de l'État était présenté et exécuté suivant une nomenclature budgétaire composée de sept titres budgétaires correspondant à des natures de dépenses :

- titre I : charges de la dette publique ainsi que de la dette viagère et dépenses en atténuation de recettes ;
- titre II : dotation des pouvoirs publics ;
- titre III : dépenses de personnel et de matériel applicables au fonctionnement des services ;
- titre IV : interventions de l'État, notamment en matière économique, sociale et culturelle ;
- titre V : investissements exécutés par l'État ;
- titre VI : subventions d'investissement accordées par l'État ;
- titre VII : réparation des dommages de guerre.

II - LES DISPOSITIONS DE LA LOLF

Depuis l'entrée en vigueur de la LOLF, le budget de l'État n'est plus structuré par nature de dépenses (titres budgétaires). La nomenclature de présentation du budget comprend trois niveaux : les missions, les programmes et les actions.

A - Les missions

Les missions qui correspondent aux politiques publiques sont l'unité de vote des crédits par le Parlement. Elles sont uniquement créées à l'initiative du Gouvernement et peuvent être soit ministérielles (elles relèvent d'un seul ministère) soit interministérielles. Dans le cadre du débat relatif à l'adoption de la loi de finances, le Parlement peut décider de modifier la répartition des crédits entre les différents programmes qui composent les missions.

Le budget de l'année 2011 comprend 32 missions (contre 31 missions en 2010).

B - Les programmes

Les programmes sont les unités de spécialisation des crédits. Ils correspondent à la mise en œuvre des politiques publiques par l'existence d'enveloppes globales et limitatives de financements. Ils ne relèvent que d'un seul ministère et sont confiés à un responsable nominativement identifié (le responsable de programme, haut fonctionnaire, le plus souvent directeur d'administration centrale). Les crédits qui y sont rattachés se répartissent en sept titres de dépenses (article 5 de la LOLF) :

- titre I : dotations des pouvoirs publics ;
- titre II : dépenses de personnel ;
- titre III : dépenses de fonctionnement ;
- titre IV : charges de la dette de l'État ;
- titre V : dépenses d'investissement ;
- titre VI : dépenses d'intervention ;
- titre VII : dépenses d'opérations financières.

On pourra remarquer que les dépenses de personnel antérieurement confondues dans les dépenses de titre III sous le régime de l'ordonnance de 1959 sont désormais individualisées dans un titre spécifique (titre II). Cette situation s'explique par la volonté du législateur d'en assurer un suivi plus précis.

Les responsables des programmes peuvent modifier la répartition des crédits entre les actions qui les composent. C'est également au niveau de chaque programme qu'est associée la démarche de performance (PAP, RAP) qui repose sur la définition d'objectifs détaillés et de résultats prédéfinis (valeurs cibles).

Le budget de l'année 2011 comprend 123 programmes (contre 130 en 2010).

C - Les actions

Les actions sont les composantes des programmes. Elles constituent le niveau ultime de découpage de la nomenclature budgétaire et précisent la destination des crédits.

Fiche 16 Les acteurs de l'exécution des dépenses publiques

I - DÉFINITIONS

Le décret du 29 décembre 1962 portant règlement général sur la comptabilité publique donne une définition précise de l'ordonnateur et du comptable public.

A - L'ordonnateur (articles 5 à 9)

Les ordonnateurs prescrivent l'exécution des recettes et des dépenses ; ils peuvent être répartis en trois catégories :

- les ordonnateurs principaux (par exemple, les ministres) ;
- les ordonnateurs secondaires (préfets de département ou de région pour les services déconcentrés des administrations civiles de l'État) ;
- les ordonnateurs délégués (ou suppléants) qui contrairement aux précédents exercent leurs fonctions par délégation de signature (directeur de cabinet d'un ministre).

B - Le comptable (articles 11 à 19)

Conformément aux dispositions de l'article 11 du décret du 29 décembre 1962, les comptables publics sont chargés :

- du recouvrement des recettes ;
- du paiement des dépenses ;
- de la garde et de la conservation des fonds et valeurs appartenant ou confiés aux organismes publics ;
- du maniement des fonds et des mouvements de comptes de disponibilités ;
- de la conservation des pièces justificatives des opérations et des documents de comptabilité ;
- de la tenue de la comptabilité du poste comptable qu'ils dirigent.

II - LE PRINCIPE DE SÉPARATION DES ORDONNATEURS ET DES COMPTABLES

A - Le principe

L'article 20 du décret du 29 décembre 1962 énonce que « *les fonctions d'ordonnateur et celles de comptable public sont incompatibles* ». Il s'agit d'une règle fondamentale de la comptabilité publique.

Cette exigence de séparation se justifie par deux éléments. Il s'agit d'abord du respect des différentes phases de la dépense publique puisque dans ce domaine les rôles sont partagés : l'engagement, la liquidation et l'ordonnancement relèvent de la responsabilité de l'ordonnateur ; le paiement de celle du comptable. Il en va ensuite (qu'il s'agisse du recouvrement d'une recette ou du paiement d'une dépense) de la sécurité dans la gestion des deniers publics par le maintien d'un double mécanisme : le pouvoir de décision de l'ordonnateur et le contrôle exercé par le comptable qui est sanctionné par la mise en jeu de sa responsabilité personnelle et pécuniaire.

B - L'exception au principe de séparation : la réquisition

Dans certains cas, la stricte application du principe d'indépendance pourrait conduire à des difficultés, en particulier en cas du refus d'un comptable de procéder au paiement d'une dépense. Ceci conduirait alors à une paralysie des circuits pouvant perturber le fonctionnement des services. C'est la raison pour laquelle l'article 155 du décret du 29 décembre 1962 a prévu que « *lorsque l'agent comptable a (...) suspendu le paiement des dépenses, l'ordonnateur peut par écrit et sous sa responsabilité requérir l'agent comptable de payer* ».

Il est prévu par les textes que dans ces circonstances qui doivent demeurer exceptionnelles, la responsabilité personnelle et pécuniaire du comptable ne soit pas engagée. C'est d'ailleurs dans ce sens qu'a été libellé l'article 60-1 (dernier alinéa) de la loi du 23 février 1963 de finances pour 1963 : « *les comptables publics ne sont pas personnellement et pécuniairement responsables des opérations qu'ils ont effectuées sur réquisition régulière des ordonnateurs* ». Ceci suppose que la réquisition ait été régulière : le cas échéant, la responsabilité du comptable ne sera pas mise en cause même si les dépenses en question sont par la suite censurées par le juge des comptes.

Fiche 17 Les règles de gestion des crédits

L'entrée en vigueur de la LOLF a transformé les règles d'élaboration et d'exécution du budget de l'État. Le souci d'une plus grande efficacité des dépenses publiques a donc inévitablement modifié les principales règles de gestion des crédits qui prévalaient jusqu'alors.

I - LA DOUBLE PRÉSENTATION DES AUTORISATIONS D'ENGAGEMENT (AE) ET DES CRÉDITS DE PAIEMENT (CP)

Le vote de la loi de finances fait désormais apparaître les montants des crédits en AE et en CP afin de mieux suivre l'activité financière de l'État. Dans cette optique, la lecture combinée des articles 5 et 7 de la LOLF conduit à une double présentation des crédits au sein de chaque programme :

- une présentation par nature de dépenses (les différents titres budgétaires) ;
- une présentation par destination (les actions, en tant que subdivisions des programmes).

Cette innovation permet d'avoir une approche beaucoup plus précise de la répartition des crédits alloués. Par ailleurs, le suivi de l'exécution du budget s'en trouve amélioré pour anticiper certaines dérives et y remédier.

II - LA MODIFICATION DE L'OBJET DES CRÉDITS : LES VIREMENTS DE CRÉDITS

Les virements de crédits modifient la nature des dépenses à l'intérieur d'un même ministère. Conformément à l'article 12 de la LOLF et compte tenu de leur portée, ils sont strictement encadrés afin de ne pas vider de sa substance l'autorisation donnée par le Parlement.

Ils doivent, à ce titre, remplir les conditions suivantes :

- leur montant cumulé, au cours d'une même année, ne peut excéder 2 % des crédits ouverts par la loi de finances de l'année pour chacun des programmes concernés ;
- les virements sont effectués par décret ;

- les décrets de virement doivent donner lieu à information des commissions des finances de l'Assemblée nationale et du Sénat ;
- l'utilisation des crédits, objet des virements, doit donner lieu à un compte-rendu spécial qui doit être inséré dans le rapport annuel de performance (RAP) du programme bénéficiaire.

III - LA MODIFICATION DU SERVICE DÉPENSIER : LES TRANSFERTS DE CRÉDITS

Les transferts de crédits ne modifient pas la nature des dépenses initialement inscrites en loi de finances. En revanche, ils viennent corriger le ministère responsable de la dépense. C'est ce que prévoit l'article 12 de la LOLF : « *des transferts peuvent modifier la répartition des crédits entre programmes de ministères distincts, dans la mesure où l'emploi des crédits ainsi transférés, pour un objet déterminé, correspond à des actions du programme d'origine* ».

Ils sont soumis à plusieurs conditions :

- les crédits transférés d'un programme à un autre ne doivent pas changer d'objet : concrètement, ils doivent financer les mêmes actions que celles du programme d'origine ;
- les transferts de crédits doivent être effectués par décret ;
- les décrets de transfert doivent être doivent donner lieu à information des commissions des finances de l'Assemblée nationale et du Sénat ;
- l'utilisation des crédits, objet des transferts, doit donner lieu à un compte-rendu spécial qui doit être inséré dans le rapport annuel de performance du programme bénéficiaire.

IV - LA MODIFICATION DU MONTANT DES CRÉDITS

Il s'agit d'une part des décrets d'avance et, d'autre part, des annulations de crédits.

A - Les décrets d'avance

Les décrets d'avance permettent l'ouverture de crédits. Ils interviennent dans tous les cas dans des situations d'urgence. L'article 13 de la LOLF distingue deux cas.

L'urgence simple : les décrets d'avance doivent remplir plusieurs conditions :

- ils font l'objet de décrets en Conseil d'État ;
- ils doivent avoir recueilli l'avis commissions des finances de l'Assemblée nationale et du Sénat qui doivent se prononcer dans

un délai de sept jours à compter de la notification qui leur a été faite du projet de décret ;

- ils ne doivent pas affecter l'équilibre budgétaire : ils sont donc conditionnés à concurrence de leur montant, soit par une augmentation des ressources, soit par une diminution des dépenses ;
- le montant cumulé des crédits ouverts sous forme de décrets d'avance ne peut excéder 1 % des crédits ouverts par la loi de finances de l'année.

En cas d'urgence et de « *nécessité impérieuse d'intérêt national* », les mêmes conditions que celles explicitées précédemment s'appliquent. Toutefois, seule l'information des commissions des finances des assemblées est exigée. Celles-ci ne sont donc plus tenues de donner leur avis.

B - Les annulations de crédits

L'article 14 de la LOLF précise les deux conditions dans lesquelles un crédit peut être annulé : soit lorsqu'il est devenu sans objet (le besoin aura donc disparu) ; soit pour prévenir tout risque de détérioration de l'équilibre budgétaire (*a fortiori* pour réduire le déséquilibre).

Le régime juridique des annulations est soumis à deux conditions :

- le montant total des annulations de crédit est limité à 1,5 % des crédits ouverts par les lois de finances de l'année ;
- les annulations sont effectuées par décret qui doit être communiqué aux commissions des finances des assemblées parlementaires avant publication.

V - LES RÉGIMES DES DÉPENSES DE PERSONNEL (CRÉDITS EN TITRE II)

A - Les changements opérés par la LOLF

L'article 6 de l'ordonnance de 1959 regroupait les dépenses de personnels avec les autres charges de fonctionnement de l'État dans un titre III « dépenses de personnel et de matériel applicables au fonctionnement des services ». Parmi les charges budgétaires citées à l'article 5 de la LOLF, les dépenses de personnels sont désormais clairement isolées dans un titre II. Cette individualisation des dépenses de masse salariale au sens large illustre ainsi la volonté de mieux les suivre.

B - Plafond d'emplois et plafond de masse salariale

La stricte limitation dont font l'objet les dépenses de personnel se conçoit aisément au regard de la part importante qu'elles représentent au sein du budget de l'État. Elle se compose de deux éléments : les plafonds d'emplois et les plafonds de masse salariale.

Les plafonds d'emplois regroupent tous les agents rémunérés par l'État indépendamment de leurs statuts (titulaire ou contractuel). Chaque année, les lois de finances fixent un nombre maximum d'emplois par ministère exprimé en ETPT (équivalent temps plein travaillé). La notion d'ETPT est simple : un agent travaillant à temps plein au cours d'une année consomme un ETPT. De la même façon, une personne travaillant à mi-temps sur la même période ne constitue qu'un demi-ETPT (*idem* pour un agent qui travaillerait à temps plein sur un semestre). Les plafonds de masse salariale correspondent quant à eux à l'ensemble des dépenses de personnel : rémunérations d'activité, cotisations et contributions ainsi que prestations sociales et allocations diverses.

C - La fongibilité asymétrique

Ce terme apparemment technique revêt, concrètement, une forme beaucoup plus simple.

Depuis l'entrée en vigueur de la LOLF, les services gestionnaires disposent de pouvoirs élargis et d'une plus grande autonomie en termes de gestion de leurs crédits. En effet, grâce à leur caractère fongible, ils peuvent être facilement redéployés entre les différents titres (ou natures de dépenses) d'un même programme. Toutefois, ce principe de fongibilité ne concerne pas les dépenses de titre II, c'est-à-dire les dépenses de personnel. C'est ce qu'énonce l'article 7 de la LOLF : « *la présentation des crédits par titre est indicative. Toutefois, les crédits ouverts sur le titre des dépenses de personnel de chaque programme constituent le plafond des dépenses de cette nature* ».

Cette qualification emporte une conséquence importante : les crédits en titre II ne peuvent donc pas être majorés par des crédits provenant d'un autre titre. Ils sont donc limitatifs au sein de chaque programme. En revanche, si un programme bénéficiait d'un excédent de crédits de titre II, leur reliquat pourrait venir abonder les dotations des autres titres. La fongibilité des dépenses de personnel est asymétrique puisqu'elle n'est rendue possible que dans un sens.

Fiche 18 Les phases d'exécution des dépenses publiques

Le décret du 29 décembre 1962 portant règlement général sur la comptabilité publique définit quatre grandes phases dans l'exécution des dépenses publiques : l'engagement, la liquidation, l'ordonnancement et le paiement.

I - L'ENGAGEMENT

L'engagement est l'acte par lequel un organisme public contracte une obligation de laquelle résultera une charge (article 29 du décret de 1962). Jusqu'à l'entrée en vigueur de la LOLF, on distinguait deux types d'engagement : l'engagement juridique et l'engagement comptable.

L'engagement juridique constituait le fait générateur de la dépense : le plus souvent, il s'agissait de marchés publics notifiés dont il résultait une charge devant être acquittée par l'État. Quant à l'engagement comptable, il devait précéder l'engagement juridique : il consistait à « bloquer » les crédits nécessaires à la conclusion du marché. Une fois « réservés », ces financements qui n'étaient plus disponibles ne pouvaient évidemment pas être réutilisés à d'autres fins.

Le système d'autorisations d'engagement (AE) et de crédits de paiement (CP) mis en place par la LOLF a fait disparaître la notion d'engagement comptable : c'est d'ailleurs une simplification de bon sens puisque le simple engagement juridique doit immédiatement conduire à « geler » les financements au titre des différents marchés notifiés. Dans les systèmes d'information de gestion dont sont aujourd'hui équipés les ministères, la saisie des engagements juridiques génère ainsi automatiquement une diminution des crédits disponibles à concurrence du montant des marchés passés.

II - LA LIQUIDATION

A - Définition

La liquidation a pour objet de vérifier la réalité de la dette et d'arrêter le montant de la dépense (article 30). Cette opération, du ressort de l'ordonnateur, repose sur deux aspects : la vérification des factures et le contrôle du service fait.

La vérification des factures consiste en plusieurs contrôles formels qui permettent de joindre au dossier de mise en paiement tous les éléments justifiant le montant dû au fournisseur. L'original des factures doit mentionner leur identité ainsi que leur domiciliation bancaire. Les sommes devant être payées doivent être identifiées en toutes lettres.

Le contrôle du service fait permet quant à elle de s'assurer que la prestation qui est facturée a bien été réalisée (articles 7 et 13). Cette étape (qui peut paraître une évidence) est néanmoins indispensable pour éviter qu'une prestation ne soit payée plusieurs fois, en cas d'envoi de factures identiques. La conséquence de cette exigence est que, sauf exceptions (par exemple une avance sur un marché public), le paiement effectué au titre d'un achat ne peut intervenir avant l'exécution effective du service ou la livraison de la fourniture (article 33).

L'opération de liquidation permet enfin, c'est un point important, de déterminer le montant des intérêts moratoire devant être payés aux fournisseurs.

B - Intérêts moratoires et délai global de paiement

Les intérêts moratoires sont des indemnités (intérêts) versées aux fournisseurs à compter du jour qui suit l'expiration d'un délai global de paiement (DGP). Le défaut de paiement au cours de cette période fait donc courir de plein droit ces intérêts. L'objectif de cette pratique est d'indemniser les fournisseurs pour d'éventuelles difficultés de trésorerie en cas de non paiement de leurs factures par les services de l'État ou des collectivités territoriales.

Depuis le 1er juillet 2010, le délai global de paiement est de 30 jours. En principe, son point de départ est la date de réception des factures des fournisseurs, ce qui suppose que les services de l'ordonnateur aient pris en compte leurs dates d'arrivée effectives. Ils doivent donc obligatoirement procéder à leur enregistrement.

Les intérêts moratoires sont décomptés à partir du taux d'intérêt légal qui, en 2011, à atteint un taux historiquement bas (0,38 % fixé par le décret du 1er février 2011 contre 0,65 % en 2010) Toutefois, globalement, ils représentent parfois des sommes significatives. C'est la raison pour laquelle la Commission européenne a récemment appelé à la généralisation de la facturation électronique à l'échéance de 2020. Celle-ci serait incontestablement plus rapide et plus sûre (puisqu'elle impliquerait moins de contrôles sur le contenu des justificatifs de paiement).

III - L'ORDONNANCEMENT

L'ordonnancement est l'acte administratif donnant, au terme de la liquidation, l'ordre de payer la dette de l'organisme public (article 31, alinéa 1). Cet ordre est adressé par l'ordonnateur au comptable public à qui il incombe, dès lors, de procéder au paiement après avoir effectué les contrôles qu'il estime nécessaire.

Il existe cependant une possibilité ouverte par le décret de ne pas procéder à ordonnancement. L'alinéa 2 de l'article 31 énonce ainsi que « *le ministre des finances dresse la liste des dépenses qui peuvent être payées sans ordonnancement ou qui peuvent faire l'objet d'un ordonnancement de régularisation après paiement* ». De même, l'article 171 indique que « *l'agent comptable peut payer sans ordonnancement préalable et sous réserve que les crédits soient disponibles au budget certaines catégories de dépenses déterminées par le ministre des finances* ».

Ces situations exceptionnelles se retrouvent dans deux cas. Il s'agit d'abord de dépenses qui doivent être payées rapidement (dépenses au comptant comme les droits d'enregistrement ou les frais de poste, les salaires payés à la journée ou à l'heure). On trouve ensuite les dépenses récurrentes ou qui découlent de marchés passés antérieurement (traitements et indemnités des personnels, factures d'électricité, échéances de loyers, remboursement d'emprunts...).

IV - LE PAIEMENT

Le paiement est l'acte par lequel l'organisme public se libère de sa dette (article 33). Cette étape incombe au comptable qui doit effectuer certaines vérifications telle qu'explicitées à l'article 12 du décret de 1962. Parmi ces dernières, on peut citer :

- le contrôle de la procédure suivie par l'ordonnateur (vérification de l'engagement...) ;
- le contrôle de la compétence des signataires des actes qui lui sont soumis ;
- le contrôle des pièces justificatives transmises par l'ordonnateur (factures des fournisseurs, bordereaux de liquidation...) ;
- le contrôle des comptes d'imputation ;
- le contrôle de la disponibilité des crédits.

Ces différentes actions sont importantes car dans l'exercice de ses missions le comptable engage sa responsabilité personnelle et pécuniaire. À ce titre, il pourrait être condamné par les juridictions financières à reverser sur des deniers personnels les sommes irrégulièrement payées.

Il faut toutefois préciser que le comptable ne peut se faire juge de l'opportunité d'une dépense : il ne peut, par exemple, contester le principe d'un achat fait par un ordonnateur. De la même façon, il n'est pas juge de la légalité interne des actes (erreur de fait, erreur de droit...), le contrôle de cette dernière appartenant au représentant de l'État (préfet).

Fiche 19 Les phases d'exécution des recettes publiques

On distingue trois phases dans l'exécution des recettes publiques.

I - L'ÉTABLISSEMENT DES RECETTES

Il se compose de deux étapes. La première est la constatation des droits : cette étape permet de vérifier la réalité des faits générateurs de la recette. La seconde est la liquidation qui détermine le montant précis de la dette devant ensuite être mise en recouvrement.

II - LA MISE EN RECOUVREMENT

Cette phase est du ressort de l'ordonnateur lorsque les créances ont été constatées et liquidées (*cf.* première phase). La mise en recouvrement s'opère par l'émission d'un ordre de recettes appelé également « titre exécutoire ». Ce document doit comporter des informations indispensables au recouvrement qui sera ensuite mis en œuvre par le comptable : nature de la créance, identification précise du débiteur et montant de la somme à recouvrer. En outre, en application de l'article 81 du décret du 29 décembre 1962 portant règlement général sur la comptabilité publique, les bases de la liquidation doivent apparaître clairement. Il convient donc de mentionner les modalités de calcul de la dette, afin de permettre au débiteur de vérifier lui-même le montant indiqué et d'en contester éventuellement l'exactitude.

Le titre exécutoire doit aussi indiquer les délais et voies de recours dont le redevable dispose pour contester le titre, les services compétents pour instruire une demande de renseignement (ou de réclamation) ainsi que les modalités de règlement de la dette. L'émission des titres par les ordonnateurs les rend exécutoires (article 85 du décret du 29 décembre 1962).

III - LE RECOUVREMENT

Cette phase est du ressort du comptable public. Elle est fondamentale car si elle fait défaut, elle pourra conduire à la mise en jeu de sa responsabilité personnelle et pécuniaire en cas d'omission, de retard ou d'insuffisance des recherches et poursuites (article 60 de la loi du 23 février 1963 de finances pour

1963). Elle précédée d'un certain nombre de contrôles administratifs (autorisation de percevoir la recette, compte d'imputation...).

IV - UNE EXCEPTION AU PRINCIPE DE SÉPARATION DES ORDONNATEURS ET DES COMPTABLES : LA RÉGIE DE RECETTES

Il arrive parfois que l'exécution des recettes soit assurée par un seul et même acteur : le régisseur de recettes. Dans une régie de recettes, ce régisseur constate les droits, liquide les recettes et recouvre celles-ci. Seules des recettes non fiscales peuvent faire l'objet d'une régie (droits acquittés au titre de la reproduction de documents, de formations dispensées...). Les régisseurs doivent reverser au comptable public, dont ils dépendent, les recettes encaissées dans les conditions fixées par l'acte constitutif de la régie.

TITRE III

LE CONTRÔLE DU BUDGET DE L'ÉTAT

Chapitre 1 - Le nouvel environnement

Chapitre 2 - Les différents types de contrôle

Fiche 20 Déficit budgétaire et dette publique

I - DÉFINITION

Lorsque les recettes du budget de l'État sont inférieures aux dépenses, le solde du budget est négatif : on parle de déficit budgétaire. Le déficit budgétaire est un flux mesuré chaque année à l'issue de l'exercice budgétaire (année civile). La notion de déficit public est plus large : au déficit budgétaire s'ajoutent les déficits des administrations publiques locales (collectivités territoriales) et de Sécurité sociale.

La dette publique regroupe l'ensemble des dettes des administrations (État, collectivités territoriales, Sécurité sociale) sous forme d'emprunts contractés, notamment pour couvrir les déficits budgétaires. C'est un stock qui peut être mesuré à tout instant.

Déficit budgétaire et dette publique demeurent étroitement liés puisque le déficit budgétaire constaté à la fin d'un exercice vient nécessairement augmenter le montant de dette publique. De la même façon, la charge des intérêts qui a augmenté du fait de l'augmentation de la dette vient aggraver le déficit. On parle donc d'un « effet boule de neige », la dette engendrant la dette.

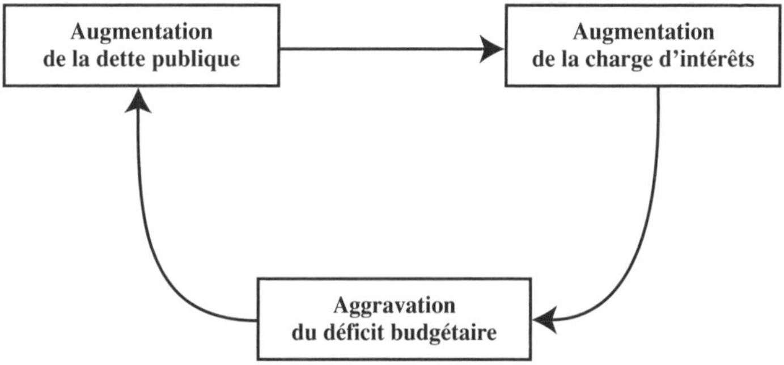

II - LES CHIFFRES ET L'ÉVOLUTION

Le déficit budgétaire de l'année 2010 s'est élevé à 148,8 Md€, soit environ 7,7 % du PIB. D'après les projections établies lors de la préparation du PLF pour 2011, la France ne devrait se situer sous la limite fixée par le Traité de Maastricht (3 % du PIB) qu'à partir de 2013.

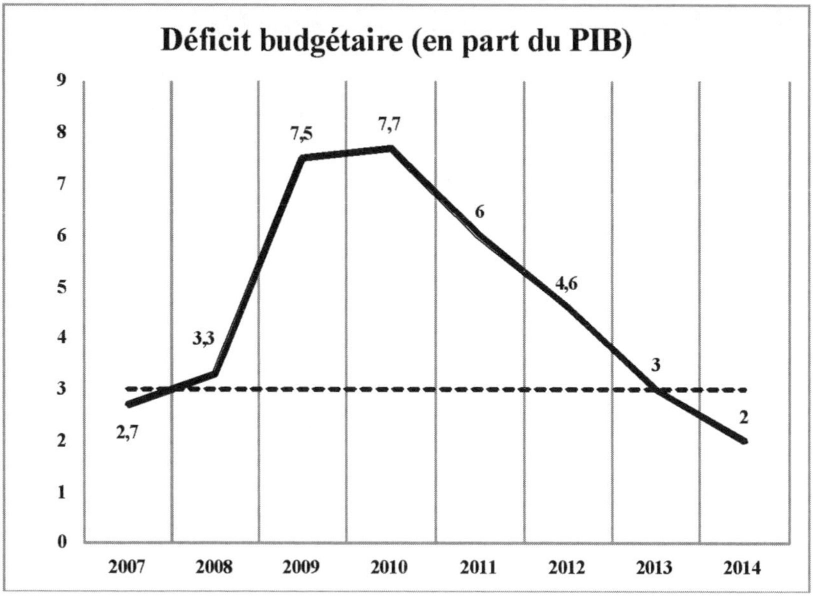

Pour 2010, la dette publique a été arrêtée à 1 591,2 Md€, soit environ 81,7 % du PIB. D'après les projections incluant les données recadrées de l'exécution budgétaire de l'année 2010, la France continue de se situer très au-dessus de la limite fixée par le Traité de Maastricht (60 % du PIB), une très légère décroissance devant être observée à compter de 2013.

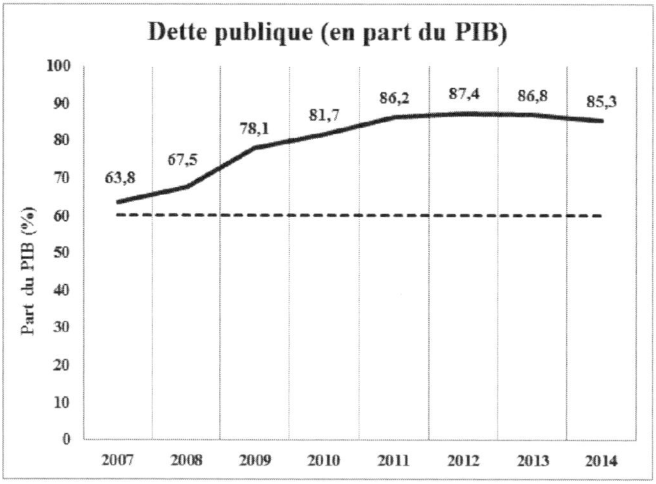

III - LES CONTRAINTES EUROPÉENNES

Deux des cinq critères de convergence figurant dans le Traité de Maastricht concernent le déficit budgétaire et la dette publique. En effet, selon les dispositions du texte :

- le déficit budgétaire ne doit pas dépasser 3 % du produit intérieur brut (PIB) ;
- la dette publique ne doit pas dépasser 60 % du PIB.

Que ce soit sur l'un ou l'autre des critères, la France a donc franchi les deux limites supérieures autorisées et s'expose aux éventuelles sanctions susceptibles d'être prononcées à son encontre, dans le cadre de la procédure pour déficit excessif (PDE). Toutefois, dès 2005, une démarche visant à l'assouplissement de ces critères avait été initiée par le Conseil européen. L'idée était qu'en cas de récession sévère (perte égale ou supérieurs à deux points de PIB), les délais accordés à un État pour parvenir à corriger ses déficits puissent être allongés. La récente crise internationale aura donné l'occasion de mettre en pratique ces aménagements (Grèce, Irlande, Espagne) qui, toutefois, constituent de graves atteintes à l'équilibre général de la zone euro.

IV - QUELLES PERSPECTIVES ?

La révision constitutionnelle du 23 juillet 2008 a consacré une nouvelle catégorie de lois de programmation : les lois appelées à définir « *les orientations pluriannuelles des finances publiques* ». La loi du 28 décembre 2010 de programmation des finances publiques pour les années 2011 à 2014 précise ainsi, dans son article 3, que le solde des administrations publiques et de la dette publique devra s'inscrire « *dans le cadre des engagements européens de la France* ». Le déficit public devra donc être ramené à :

- 6 % du PIB en 2011 ;
- 4,6 % du PIB en 2012 ;
- 3 % du PIB en 2013 ;
- 2 % du PIB en 2014.

Quant à la dette publique, le texte indique qu'elle devra suivre l'évolution suivante :

- 2011 : 86,2 % du PIB ;
- 2012 : 87,4 % du PIB ;
- 2013 : 86,8 % du PIB ;
- 2014 : 85,3 % du PIB.

Fiche 21 Objectifs et indicateurs

I - PRÉSENTATION GÉNÉRALE DE LA DÉMARCHE DE PERFORMANCE

La mise en place de la LOLF a permis de considérablement renforcer le rôle du Parlement, qu'il s'agisse de la préparation, de l'exécution ou du contrôle des lois de finances. Mais un autre objectif déterminant consistait à moderniser la gestion publique pour l'orienter, non vers une logique de moyens comme cela était le cas sous le régime de l'ordonnance de 1959, mais vers une logique de résultats.

La démarche de performance liée à la LOLF repose schématiquement sur deux leviers : le premier est l'organisation du budget de l'État autour de finalités de dépenses. Il s'agit ainsi d'aborder le budget de l'État par les politiques publiques qu'il finance. D'où la nouvelle nomenclature budgétaire et l'existence des missions qui correspondent aux grands axes d'action des pouvoirs publics. Par ailleurs, la spécialisation des crédits des programmes par titres budgétaires précise les objectifs poursuivis et isole les montants consacrés aux dépenses de personnel (titre II).

Le second levier est l'orientation vers les résultats à atteindre. Il ne s'agit donc plus de financer telle ou telle politique publique sans procéder à une évaluation rigoureuse de cette dernière. L'évaluation repose donc sur les réalisations concrètes des acteurs (ministres, responsables de programme) et sur leurs résultats, mesurés à l'aide d'indicateurs, compte tenu des objectifs qui ont été préalablement fixés. Cette comparaison permettra de conclure à l'efficacité de la politique mise en œuvre et donc d'apprécier sa performance.

La définition des objectifs, la détermination d'indicateurs et la comparaison des objectifs et des réalisations sont donc les trois étapes de la démarche de performance. Celle-ci, selon l'approche retenue par le législateur, s'exerce dans le cadre des programmes (et non des missions qui sont perçues comme des ensembles aux volumes trop importants).

II - LES OBJECTIFS DE PERFORMANCE

A - Présentation

Conformément à la stratégie du programme, il s'agit de préciser les lignes directrices à suivre. Les objectifs doivent d'abord s'inscrire dans une perspective pluriannuelle afin d'éviter de les adapter voire de les changer chaque année. À défaut, une variation trop importante de la nature des objectifs d'un exercice sur l'autre priverait de la possibilité d'effectuer des comparaisons. Ce que l'on recherche donc c'est une certaine stabilité dans les buts à poursuivre. Ces objectifs doivent également être en nombre limité et correspondre à des aspects à la fois importants (représentatifs) du programme.

La mise en œuvre concrète de la démarche de performance a donné lieu à de nombreux travaux conduits par les ministères concernés (en particulier le ministère de l'économie et des finances). Il s'agissait de décliner concrètement les grands principes de la LOLF de façon à les appliquer. Tel est donc le cas de la démarche de performance qui soulevait déjà en 2001, dans le texte initial, de nombreuses questions.

Progressivement les différents acteurs concernés (dont le Parlement) sont parvenus à identifier trois grandes catégories d'objectifs visant, pour chacune d'entre elle, un public particulier :

- les objectifs d'efficacité socio-économique, au bénéfice des citoyens : il s'agit de chercher à mesurer l'impact de l'activité de l'administration ;
- les objectifs de qualité de service, pour les usagers : cet aspect est essentiel car c'est celui qui est le plus perceptible, en particulier lors de dysfonctionnements ;
- les objectifs d'efficience de la gestion, concernant les contribuables : c'est la notion de rentabilité (faire autant avec moins ou plus avec la même somme).

Pour l'ensemble du budget de l'État (budget général, budgets annexes et comptes spéciaux), le PLF 2011 comprend 487 objectifs se rapportant à 172 programmes (soit 2,8 objectifs par programme en moyenne). 47 % d'entre eux sont des indicateurs d'efficacité socio-économique, 18 % sont des indicateurs de qualité de service et 35 % sont des indicateurs d'efficience de la gestion.

B - Exemples d'objectifs

- Programme 232 « vie politique, cultuelle et associative » : organiser les élections au meilleur coût (efficience de la gestion) ;
- Programme 166 « justice judiciaire » : rendre des décisions de qualité dans des délais raisonnables en matière civile (qualité de service).

III - LES INDICATEURS

A - Présentation

Les indicateurs permettent de vérifier la réalisation des objectifs. Ils sont associés à des valeurs cibles, c'est-à-dire des prévisions dont il faudra tenter de se rapprocher. Dans cette optique, il conviendra d'étudier les résultats enregistrés lors des exercices précédents afin de déterminer une valeur qui soit la plus réaliste possible. La cible doit être fixée à moyen terme (environ 5 années). Les indicateurs doivent donc être soigneusement étudiés pour permettre de mesurer efficacement l'atteinte des objectifs. Les données qui en ressortent doivent être également vérifiables (à partir de données comptables ou financières) pour garantir leur robustesse.

Pour l'ensemble du budget de l'État (budget général, budgets annexes et comptes spéciaux), le PLF 2011 comprend 1 008 indicateurs se rapportant à 487 objectifs (soit 2 indicateurs par objectif en moyenne).

B - Exemples d'indicateurs

- Programme 232 : « vie politique, cultuelle et associative » :
  - objectif (efficience de la gestion) : organiser les élections au meilleur coût ;
  - indicateur : coût moyen de l'élection par électeur inscrit sur les listes électorales.
- Programme 166 : « justice judiciaire » :
  - objectif (qualité de service) : rendre des décisions de qualité dans des délais raisonnables en matière civile ;
  - indicateur : délai moyen de traitement des procédures, par type de juridiction.

IV - LA COMPARAISON DES OBJECTIFS ET DES RÉALISATIONS

Conformément à l'article 51 de la LOLF, le projet de loi de finances est complété d'annexes explicatives parmi lesquelles se retrouvent les projets annuels de performance (PAP) pour chacun des programmes. Les PAP qui constituent les « bleus » budgétaires retracent ainsi la stratégie du programme, les objectifs assignés, les indicateurs associés et valeur cibles à atteindre.

De son côté, le projet de loi de règlement des comptes et rapport de gestion (article 54), est aussi enrichi des rapports annuels de performances (RAP) établis par programme. Grâce à l'utilisation des indicateurs, les RAP mettent en évidence les performances obtenues par les responsables de programme.

Présentés selon une structure identique à celle des PAP afin de faciliter les comparaisons, ils révèlent les écarts entre prévisions et réalisations.

Fiche 22 Comptabilités, plan comptable et certification des comptes de l'État

I - LA LOLF ET LES COMPTABILITÉS

Selon l'article 27 de la LOLF, l'État doit tenir une comptabilité des recettes et des dépenses budgétaires ainsi qu'une une comptabilité générale de l'ensemble de ses opérations. En outre, il doit mettre en œuvre une comptabilité destinée à analyser les coûts des différentes actions engagées dans le cadre des programmes. Trois systèmes comptables sont donc institués.

A - La comptabilité budgétaire

La comptabilité budgétaire permet de suivre la consommation des autorisations d'engagement (AE). Elle retrace aussi retrace l'exécution des dépenses budgétaires au moment où elles sont payées (crédits de paiement). Elle assure enfin un suivi du recouvrement des recettes lors de leur encaissement.

B - La comptabilité générale

La comptabilité générale donne une description du patrimoine de l'État, c'est-à-dire de ce qu'il possède (biens meubles et immeubles, créances…) et de ce qu'il doit (dettes, emprunts…). Les informations qui en proviennent sont synthétisées dans un bilan et un compte de résultat.

Cette transposition des principes de la comptabilité privée au secteur public est une véritable innovation. Toutefois, l'article 30 de la LOLF indique que les règles qui lui seront applicables se distingueront de celles applicables aux entreprises en raison des spécificités des missions qu'exercent les pouvoirs publics. Cette précision est importante car il aurait été à la fois difficile – mais surtout illusoire – de vouloir transposer les modalités comptables en vigueur au sein du secteur privé.

C - L'analyse du coût des actions

Souvent assimilée à une comptabilité analytique, elle en est pour le moins fort éloignée. L'analyse du coût des actions permet d'enrichir l'information dont bénéficie le Parlement sur les moyens budgétaires accordés pour la réalisation des actions. Au sein de chaque programme, cette analyse repose sur la répartition des sommes consacrées aux fonctions de support (ou de soutien) entre les autres actions dites « opérationnelles ».

II - LE RÉFÉRENTIEL COMPTABLE DE L'ÉTAT

Il s'agit d'un document essentiel : c'est un ensemble de règles comptables à partir desquelles les comptes de comptabilité générale de l'État sont certifiés. Ces règles sont regroupées et formalisées au sein d'un « *recueil des normes comptables de l'État* » qui a été approuvé le 21 mai 2004 puis modifié à plusieurs reprises (2007, 2008, 2009 et 2011). Ces normes, au nombre de 15, détaillent ainsi les règles applicables pour élaborer des états financiers et donner une vision financière globale de l'activité de l'État.

III - LA CERTIFICATION DES COMPTES DE L'ÉTAT

A - Le cadre juridique de la certification

L'article 47-2 de la Constitution dispose que les comptes des administrations publiques doivent réguliers et sincères. Ils doivent également donner une image fidèle du résultat de leur gestion, de leur patrimoine et de leur situation financière. Parallèlement, l'article 58 de la LOLF confie à la Cour des comptes la charge de la « *certification de la régularité, de la sincérité et de la fidélité des comptes de l'État* ». Toutes les conditions semblent donc réunies pour la mise en œuvre d'une certification des comptes de l'État, à savoir :

- un organisme certificateur (la Cour des comptes) ;
- un référentiel normatif (le recueil des normes comptables de l'État) ;
- un fondement juridique constitutionnel, donc au plus haut niveau de l'édifice institutionnel (article 47-2 précité).

B - La méthode de certification

La certification est une mission d'audit externe et indépendant des comptes qui consiste à exprimer une opinion sur leur conformité au référentiel comptable qui leur est applicable.

Traditionnellement, le certificateur (par exemple, dans le secteur privé, un commissaire aux comptes) peut exprimer plusieurs opinions relatives aux comptes :

- une certification sans réserve, quand les comptes sont estimés réguliers, sincères et fidèles ;

• une certification avec réserve(s) sur certains comptes non satisfaisants ;
• une opinion défavorable lorsque les désaccords sur les états financiers sont trop importants ;
• une impossibilité de certifier, si le certificateur n'est pas capable d'avoir accès aux comptes et ne peut donc se prononcer.

C - La mise en œuvre de la certification

Depuis l'entrée en vigueur de la LOLF, la Cour des comptes a été amenée à effectuer quatre exercices de certification des comptes de l'État :

- en 2007 (comptes de 2006) : certification avec 13 réserves ;
- en 2008 (comptes de 2007) : certification avec 12 réserves ;
- en 2009 (comptes de 2008) : certification avec 12 réserves ;
- en 2010 (comptes de 2009) : certification avec 9 réserves ;
- en 2011 (comptes de 2010) : certification avec 7 réserves.

D - Que penser de la certification ?

L'action de certification n'est pas une tâche seulement comptable : elle emporte d'importantes conséquences en termes de gestion publique puisque les réserves formulées invitent les acteurs concernés (services gestionnaires des ministères) à réformer leurs processus financiers et à scrupuleusement respecter les règles en vigueur. Dans cette optique, la certification des comptes et d'une manière plus générale la réforme comptable doivent permettre d'instaurer de nouveaux outils de pilotage pour mesurer l'analyse du coût complet des politiques publiques mises en œuvre par l'État.

Par ailleurs, les différentes critiques (réserves) formulées lors des travaux de certification devraient permettre, à l'avenir, de mieux appréhender les lois de programmation pluriannuelle des finances publiques.

Fiche 23 Les contrôles administratifs

I - LE CONTRÔLE *A PRIORI* : LE CONTRÔLE FINANCIER

C'est le décret du 27 janvier 2005 relatif au contrôle financier au sein des administrations de l'État qui régit l'organisation et le fonctionnement du contrôle préalable des dépenses de l'État. La fonction de contrôle financier est assurée par un contrôleur budgétaire et comptable ministériel (CBCM) qui comme son nom l'indique est placé au sein de chaque ministère. La portée de son rôle est double : il est à la fois un contrôleur financier mais aussi un comptable public. Son rôle a été précisément défini par le décret du 18 novembre 2005.

En tant que contrôleur financier, le CBCM est associé à la programmation budgétaire, notamment lors des travaux de préparation des projets de lois de finances. Il vérifie la sincérité des prévisions budgétaires (dépenses et effectifs) de tous les responsables de programmes (au sens de la LOLF) et s'assure de leur compatibilité avec les objectifs de maîtrise des dépenses publiques. Le contrôle financier participe également à la maîtrise de l'exécution de la loi de finances tant en termes budgétaires qu'en effectifs. Il contribue à l'identification et à la prévention des risques financiers ainsi qu'à l'analyse du coût des politiques publiques.

En tant que comptable public, le CBCM est assignataire des ordres de dépenses et de recettes de l'ordonnateur principal. Il concourt également à la tenue et à l'établissement des comptes de l'État et s'assure, conformément à l'article 31 de la LOLF, de la sincérité des enregistrements comptables et du respect de toutes les procédures comptables.

Cette importante réforme doit être située dans le prolongement des dispositions de la LOLF qui a accordé une autonomie plus grande aux services gestionnaires. En contrepartie, ces derniers ont dû s'engager à véritablement rendre compte de leur gestion en mettant l'accent sur les résultats obtenus. Et dans les faits, cet allègement significatif des pratiques de contrôle *a priori* et le recentrage sur l'exécution budgétaire ont conduit à la quasi-suppression du contrôle de régularité juridique des actes financiers des ordonnateurs.

Cette évolution a aussi abouti à recentrer les missions de contrôle financier sur l'analyse de la qualité des dépenses des ministères. Les relations entretenues entre les ordonnateurs principaux (ministres) et les CBCM ont donc débouché sur la mise en place de relations régulières appelées « dialogue de gestion ».

II - LE CONTRÔLE A *POSTERIORI* : L'INSPECTION GÉNÉRALE DES FINANCES

Le décret du 4 octobre 2006 redessine les anciens contours de l'Inspection générale des finances (IGF) qui dataient de 1973. Placée sous la double autorité du ministre chargé de l'Économie et de celui en charge du budget, l'Inspection générale des finances exerce une mission générale de contrôle, d'audit, d'étude, de conseil et d'évaluation en matière administrative, économique et financière. Elle peut également recevoir des missions du Premier ministre et effectuer des contrôles à la demande d'autres autorités nationales, d'organismes publics, de collectivités territoriales, d'États étrangers, d'organisations internationales ou de l'Union européenne.

L'IGF exerce principalement ses missions au sein des services déconcentrés des ministères. Ses membres qui sont répartis en deux grades (inspecteurs et inspecteurs généraux) détiennent des pouvoirs importants leur permettant d'obtenir communication de tous les documents nécessaires à leurs opérations de contrôle de la régularité des procédures suivies. Mais l'IGF agit aussi dans le domaine de l'évaluation comme en témoigne son rôle joué lors de la révision générale des politiques publiques (RGPP) en 2008 et 2009. Enfin, l'IGF exerce un rôle de conseil : elle conduit des missions de conseil au profit d'entités des plus variées sur des thèmes diversifiés (partenariat entre administration pénitentiaire et prestataires privés, Bibliothèque nationale de France…).

Ce corps d'inspection générale et de contrôle est donc pluridisciplinaire ; la valeur ajoutée des travaux remis (dont la très grande majorité est publique) repose sur de nombreuses investigations sur pièces et sur place ainsi que sur une procédure contradictoire.

Fiche 24 Les contrôles juridictionnels

Le contrôle juridictionnel des dépenses publiques est exercé par deux juridictions : la Cour des comptes et la Cour de discipline budgétaire et financière (CDBF).

I - LA COUR DES COMPTES

A - Historique

La loi du 16 septembre 1807 institue la Cour des comptes : « *les fonctions de la comptabilité nationale seront exercées par une Cour des comptes* ». Mais c'est le décret impérial du 28 septembre 1807 qui en détaille précisément les attributions et l'organisation. À l'origine, la Cour était composée de 18 conseillers maîtres répartis au sein de trois chambres et de 80 conseillers référendaires qui, eux, n'étaient pas rattachés à une chambre déterminée.

La Cour des comptes est aujourd'hui composée de sept chambres composées d'une trentaine de magistrats inamovibles. Chaque chambre est compétente pour juger les comptes de plusieurs ministères ainsi que ceux des organismes et établissements publics nationaux leur étant rattachés :

- 1re chambre : ministère des finances, du budget, ensemble des circuits financiers publics ;
- 2e chambre : ministères chargés de la défense, de l'industrie, de l'énergie, du tourisme, du commerce extérieur, du commerce, de l'artisanat, entreprises et organismes publics industriels ;
- 3e chambre : ministères chargés de l'éducation, de la culture et de la recherche, de la jeunesse et des sports, secteur public de l'audiovisuel ;
- 4e chambre : ministères chargés des activités régaliennes de l'État (justice, intérieur, affaires étrangères) ;
- 5e chambre : ministères chargés de l'emploi, du travail, de la formation professionnelle, du logement, des affaires sociales, organismes faisant appel à la générosité publique ;
- 6e chambre : ministères chargés de la santé, de la Sécurité sociale, organismes de Sécurité sociale ;
- 7e chambre : ministères chargés de l'équipement, des transports, de l'aménagement du territoire, de l'agriculture, de la pêche, de l'environnement.

La quatrième chambre est également juge d'appel des jugements rendus par les chambres régionales des comptes. Le Conseil d'État est juge de cassation des arrêts rendus par la Cour.

B - Le jugement des comptes des comptables publics

Entre autres missions, la Cour des comptes exerce des fonctions juridictionnelles portant sur les comptes tenus par les comptables publics. Ces derniers sont en effet en charge du paiement des dépenses et du recouvrement des recettes de l'État et d'organismes publics. Ils sont personnellement et pécuniairement responsables de la régularité de ces opérations. Après analyse des comptes et des pièces justificatives, la Cour des comptes peut décider de mettre en jeu leur responsabilité.

Les comptables publics sont des fonctionnaires qui assurent le paiement des dépenses et le recouvrement des recettes de l'État et d'un grand nombre d'organismes publics. Ils sont responsables sur leurs deniers personnels de la régularité de certaines opérations. À ce titre, la Cour peut mettre leur responsabilité en cause au terme d'une procédure dite de « jugement des comptes » si elle relève, en cours d'instruction, des anomalies. Il s'agit alors d'une « mise en débet », le comptable devenant débiteur de la somme irrégulièrement payée ou non recouvrée. Il peut alors être condamné au remboursement de la somme considérée. En revanche, si toutes les règles ont été suivies, la Cour peut déclarer le comptable public, selon l'expression consacrée, « quitte et libéré de sa gestion » (*quitus*).

C - Réforme du contentieux financier

La loi du 28 octobre 2008 relative à « *la Cour des comptes et aux chambres régionales des comptes* » a profondément modifié les règles de procédure applicables au jugement des comptes des comptables publics contrôlés par les juridictions financières. Cette réforme a été initiée par la Cour européenne des droits de l'Homme (CEDH) qui, dans l'arrêt Martinie du 12 avril 2006, a censuré la procédure suivie par la Cour des comptes à l'encontre d'un comptable public lors du jugement de ses comptes.

En l'espèce, la Cour s'est fondée sur l'article 6 § 1 de la Convention européenne des droits de l'Homme au terme duquel tout justiciable doit pouvoir bénéficier du droit à un procès équitable. Or la juridiction a estimé qu'il n'en a pas été ainsi en raison de l'impossibilité du requérant d'avoir pu demander une audience publique devant la Cour des comptes pour faire valoir ses arguments. La Cour européenne a donc considéré qu'il était essentiel que les justiciables (les comptables) puissent bénéficier d'une publicité des débats lorsque la Cour des comptes statuait en appel d'un jugement d'une chambre régionale ayant prononcé un débet à leur encontre.

Mais la CEDH a encore davantage critiqué la procédure suivie. Si, incidemment, elle a souligné la longueur de l'instance (les faits reprochés avaient débuté en 1987), elle a aussi condamné le fait :

- que l'audience non ouverte au comptable avait été ouverte au ministère public ;
- que le rapport d'instruction concluant à la mise en cause du comptable avait été adressé au ministère public mais pas au comptable ;
- que le ministère public avait été en mesure de présenter oralement ses conclusions, contrairement au comptable ;
- que le ministère public et le rapporteur avaient été présents lors du délibéré.

L'adaptation des principes du droit au procès équitable dans l'ordre juridique français est effective depuis l'entrée en vigueur (à compter du 1er janvier 2009) de la loi du 28 octobre 2008 complétée par deux décrets du 19 décembre 2008. On peut désormais en noter les principales caractéristiques :

- l'initiative des poursuites appartient au ministère public ;
- le comptable est informé de l'ouverture de l'instruction portant examen de ses comptes ;
- le comptable à accès à l'intégralité de son dossier et peut demander une copie des pièces ;
- l'audience publique est systématisée et le justiciable est invité à s'y présenter ;
- les jugements sont lus lors d'une audience publique ;
- la prescription extinctive de responsabilité (délai au bout duquel la responsabilité d'un comptable ne peut plus être engagée) prend fin au terme de 5 ans (au lieu de 6 années auparavant).

II - LA COUR DE DISCIPLINE BUDGÉTAIRE ET FINANCIÈRE

A - Présentation générale

C'est la loi du 25 septembre 1948 tendant à « *sanctionner les fautes de gestion commises à l'égard de l'État et de diverses collectivités* » qui institue la Cour de discipline budgétaire et financière (CDBF). La CDBF est une juridiction administrative chargée de réprimer les infractions dans le domaine des finances publiques. Les sanctions qu'elle prononce sont des amendes infligées par des arrêts (éventuellement publiés au Journal officiel), susceptibles de recours en cassation devant le Conseil d'État. En application de l'article L311-2 du code des juridictions financières (CJF), la CDBF est présidée par le Premier président de la Cour des comptes et composée d'un nombre égal de conseillers d'État et de conseillers maîtres à la Cour des comptes nommés par décret pris en conseil des ministres pour une durée de cinq ans. Les fonctions du ministère public près la Cour sont assurées par le procureur général près la Cour des comptes. Les affaires sont instruites par des rapporteurs.

B - Saisine

La CDBF peut être saisie par les Présidents de l'Assemblée nationale et du Sénat, le Premier ministre, le ministre chargé des finances ainsi que les autres membres du Gouvernement pour les faits relevés à la charge des fonctionnaires et agents placés sous leur autorité. Elle peut être également saisie par la Cour des comptes et les chambres régionales des comptes ainsi que par l'intermédiaire du procureur général près la Cour des comptes. Lorsqu'une affaire est déférée devant la Cour, elle peut être classée, c'est-à-dire qu'aucune suite ne lui sera donnée. Au cours de l'année 2010, la CDBF a rendu 3 arrêts (173 depuis sa création en 1948).

C - Les justiciables de la CDBF

L'article L312-1 du code des juridictions financières (CJF) définit la liste des justiciables de la Cour :

- toute personne appartenant au cabinet d'un membre du Gouvernement ;
- tout fonctionnaire ou agent civil ou militaire de l'État, des collectivités territoriales, de leurs établissements publics ainsi que des groupements des collectivités territoriales ;
- tout représentant, administrateur ou agent des autres organismes qui sont soumis soit au contrôle de la Cour des comptes, soit au contrôle d'une chambre régionale ou territoriale des comptes.

Le même article prévoit également les personnes qui en sont exclues :

- les membres du Gouvernement ;
- les présidents de conseil régional, les vice-présidents et autres membres du conseil régional ;
- les présidents de conseil général, les vice-présidents et autres membres du conseil général ;
- les maires, les adjoints et autres membres du conseil municipal ;
- les présidents élus de groupements de collectivités territoriales (EPCI) et, quand ils agissent par délégation du président, les vice-présidents et autres membres de l'organe délibérant du groupement.

D - Les infractions sanctionnées

La CDBF se prononce sur plusieurs types d'infractions :

- l'engagement d'une dépense au mépris des règles applicables en matière de contrôle financier portant sur l'engagement des dépenses (article L313-1) ;
- l'imputation irrégulière d'une dépense pour dissimuler un dépassement de crédits (article L313-2) ;
- l'engagement d'une dépense sans en avoir le pouvoir ou sans avoir reçu délégation de signature à cet effet (article L313-3) ;
- toute infraction aux règles soit relatives à l'exécution des recettes et des dépenses de l'État ou des collectivités, établissements et organismes publics, soit portant sur la gestion des biens leur appartenant (article L313-4) ;
- en cas de gestion de fait, les comptables de faits étant déférés par la Cour des comptes devant la CDBF (article L313-4) ;
- l'octroi (ou la tentative d'octroi) à autrui d'un avantage injustifié, pécuniaire ou en nature, entraînant un préjudice pour le Trésor, la collectivité ou l'organisme public (article L313-6).

Fiche 25 Les contrôles parlementaires

Le contrôle du Parlement sur les finances publiques s'exerce de trois façons.

I - AU COURS DE L'ÉLABORATION DU PROJET DE LOI DE FINANCES

A - Le débat d'orientation budgétaire

Le débat d'orientation budgétaire (DOB) est prévu par l'article 48 de la LOLF, peu de temps après la remise du rapport sur l'évolution de l'économie nationale et sur les orientations des finances publiques. Cette étape est déterminante : elle contribue à mieux informer la représentation nationale sur les choix opérés par le Gouvernement dans le cadre de la préparation du budget de l'année suivante.

B - Les informations financières annexées au PLF

L'article 51 de la LOLF prévoit une longue liste de documents devant être joints au projet de loi de finances. Ces éléments détaillés doivent favoriser la connaissance de l'environnement financier dans lequel la loi de finances s'insèrera lorsqu'elle aura été votée. On trouve ainsi, à titre d'exemple, l'évaluation des dépenses fiscales, l'échéancier des crédits de paiement associés aux autorisations d'engagement ou la justification de l'évolution des crédits par rapport aux dépenses effectives de l'année antérieure.

Mais il existe d'autres informations importantes qui sont également mentionnées à l'article 51 : « *la présentation des actions, des coûts associés, des objectifs poursuivis, des résultats obtenus et attendus pour les années à venir mesurés au moyen d'indicateurs précis dont le choix est justifié* ». Ces mentions visent spécifiquement ce qu'il est commun d'appeler « la démarche de performance » qui est déclinée par programme (au sens de la LOLF). Il s'agit en réalité de la généralisation d'une logique de résultats appliquée méthodiquement aux programmes. Pour chacun d'entre eux, les projets annuels de performance (PAP) présentent la stratégie à suivre, les objectifs assignés et les indicateurs permettant d'évaluer en cours d'exercice le niveau atteint. À ce stade, le Parlement est donc non seulement associé à la définition des orientations stratégiques des programmes mais aussi à celle des résultats à atteindre en vue d'un pilotage financier optimal des différents programmes.

C - Nomenclature budgétaire et amendement parlementaire

Sous le régime de l'ordonnance de 1959, le pouvoir du Parlement était relativement réduit en matière budgétaire, en particulier lors de la préparation du projet de loi de finances. Deux éléments expliquent cette situation : d'abord la pratique généralisé des services votés qui conduisait à une reconduction quasiment systématique du budget d'une année sur l'autre, la véritable valeur ajoutée de la représentation nationale ne portant alors que sur les mesures nouvelles. Ensuite, les seuls amendements recevables étaient ceux qui diminuaient les dépenses ou ceux qui augmentaient les recettes. Devant un choix dont il était fort difficile de sortir, le pouvoir d'amendement était donc réduit à sa plus simple expression.

La LOLF vient élargir les pouvoirs d'amendements du Parlement en relation avec les dispositions de l'article 40 de la Constitution : « *les propositions et amendements formulés par les membres du Parlement ne sont pas recevables lorsque leur adoption aurait pour conséquence soit une diminution des ressources publiques, soit la création ou l'aggravation d'une charge publique* »). L'article 47 de la LOLF précise à ce sujet que la notion de charge doit être comprise comme s'appliquant aux crédits de la mission. Les parlementaires sont donc en mesure de réaffecter les crédits entre les différents programmes d'une mission dans la limite du montant du budget global alloué à celle-ci.

II - AU COURS DE L'EXÉCUTION DES LOIS DE FINANCES

A - Le rôle de la commission des finances

L'article 57 de la LOLF précise le contenu et la portée du rôle des commissions chargées des finances de l'Assemblée nationale et du Sénat. Elles suivent et contrôlent l'exécution des lois de finances et procèdent à l'évaluation de toute question relative aux finances publiques. Cette mission est confiée aux présidents de chacune des deux commissions, à leur rapporteur général ainsi qu'à des rapporteurs spéciaux. Ces différents acteurs bénéficient de pouvoirs élargis et d'un droit de communication de tout document administratif et financier qui leur semblerait utile. Ils sont également habilités à effectuer des investigations sur place et à procéder à l'audition de toute personne qui a l'obligation de s'y soumettre.

B - Le rôle de la Cour des comptes

Selon l'article 47-2 de la Constitution, la Cour des comptes « *assiste le Parlement et le Gouvernement dans le contrôle de l'exécution des lois de finances* ». Or d'après l'article 58 de la LOLF, cette mission d'assistance du Parlement comprend notamment la réalisation de toute enquête demandée par les commissions des finances de l'Assemblée nationale et du Sénat sur la gestion des services ou organismes que la Cour contrôle. Les conclusions de ces enquêtes doivent être communiquées dans un délai de huit mois après la formulation de la demande par la commission dont elle émane. En pratique, au regard du caractère parfois très vaste des thèmes d'enquête, ce délai est une véritable contrainte puisqu'il est très court.

III - EN FIN D'EXÉCUTION DES LOIS DE FINANCES

A - La loi de règlement et le chaînage vertueux

La loi de règlement arrête le montant définitif des recettes et dépenses du budget général, des budgets annexes et des comptes spéciaux du Trésor. Sa portée est considérablement élargie, en particulier par les dispositions de l'article 54 de la loi organique. Le texte prévoit en effet que le projet de loi de règlement doit être complété d'un grand nombre d'annexes explicatives et de compte rendus dans l'utilisation des budgets ayant été alloués. Par ailleurs l'article 41 du texte donne un nouveau rôle à la loi de règlement. Il prévoit en effet que le PLF de l'année N+1 ne peut être mis en discussion devant une assemblée avant le vote, par celle-ci, du projet de loi de règlement de l'année N-1. Or l'article 46 impose de déposer celui-ci avant le 1er juin de l'année suivant celle à laquelle il se rapporte. Concrètement, la loi de règlement de l'année 2010 a dû être adoptée avant le 1er juin 2011, préalablement à tout débat portant sur le PLF pour 2012.

Cet enlacement entre les exercices budgétaires et les différentes lois est traditionnellement appelé « chaînage vertueux ». En bonne gestion, il paraît d'ailleurs pleinement justifié puisqu'il permet aux parlementaires de prendre en considération la situation financière passée pour mieux ajuster les orientations des années suivantes.

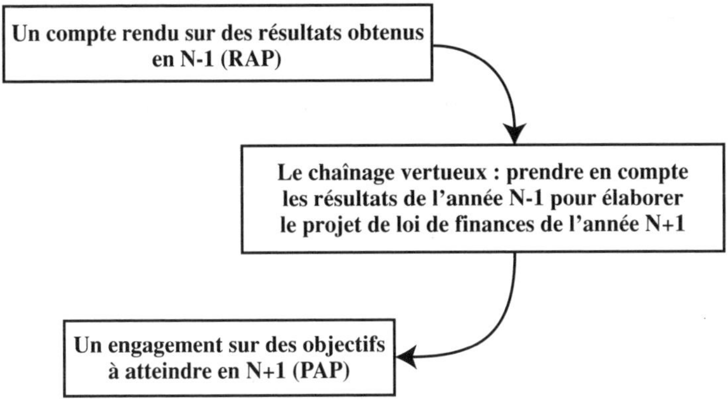

B - Les rapports annuels de performance

L'article 54-4 de la LOLF détaille l'un des éléments devant être joints au projet de loi de règlement : les rapports annuels de performance (RAP). Les RAP, établis pour chaque programme après clôture comptable de l'exercice, doivent mettre en évidence les écarts avec les prévisions qui figuraient initialement dans la loi de finances de l'année considérée sous forme de projets annuels de performance (PAP). La comparaison PAP-RAP permet donc d'identifier des différences devant être expliquées et prises en compte dans le cadre de la préparation du nouveau PLF. C'est ici que se manifeste la valeur ajoutée de la démarche qui donne l'occasion d'apprécier l'efficience des crédits consacrés à la réalisation de chaque programme.

PARTIE II

LES FINANCES LOCALES

TITRE I

LE BUDGET DES COLLECTIVITÉS TERRITORIALES

Chapitre 1 - Présentation générale

Chapitre 2 - Le contenu des budgets locaux

Fiche 26

Les collectivités territoriales en quelques chiffres

I - QUI SONT LES COLLECTIVITÉS TERRITORIALES ?

La loi constitutionnelle du 28 mars 2003 relative à l'organisation décentralisée de la République a modifié l'article 72 de la Constitution qui énonce que « *les collectivités territoriales de la République sont les communes, les départements, les régions, les collectivités à statut particulier et les collectivités d'outre-mer* ».

Les collectivités à statut particulier sont les villes de Paris, Lyon et Marseille. Celles-ci sont divisées en arrondissements et élisent des conseils et des maires d'arrondissement. La Corse relève également de cette catégorie. Les collectivités d'outre-mer (COM) sont des territoires aux statuts divers (Polynésie française, Saint-Pierre-et-Miquelon, Saint-Martin…).

II - COLLECTIVITÉS TERRITORIALES OU COLLECTIVITÉS LOCALES ?

Depuis la révision du 28 mars 2003, le terme « collectivité locale » a disparu du texte de la Constitution. Il semble donc qu'il ait perdu toute portée juridique même si le langage courant y fait toujours référence. Dans les développements qui suivront, on pourra donc considérer que les deux expressions sont de sens identique.

III - QUELQUES CHIFFRES SIGNIFICATIFS

Les chiffres qui suivent sont issus de l'ouvrage *Les collectivités locales en chiffres 2011* (direction générale des collectivités locales, avril 2011, à partir de données issues de l'année 2010).

a) En 2010, la population française était constituée de 64 millions d'habitants répartis dans 26 régions, 100 départements et 36 680 communes. Toutefois, selon l'INSEE, au 1er janvier 2011, la population aurait dépassé le seuil des 65 millions d'habitants.

b) En 2010, les 31 663 communes de moins de 2 000 habitants (représentant 86,3 % des communes) ne comptabilisaient que 24,6 % de la population.

c) 41 communes de plus de 100 000 habitants représentaient 15,3 % de la population.

d) En 2010, les administrations publiques locales :

- ont effectué 21 % de la dépense publique ;
- ont réalisé 70 % de l'investissement public ;
- détenaient 10,5 % de la dette publique.

e) Les prélèvements obligatoires perçus par les administrations publiques locales ont représenté en 2010 près de 6,1 % du PIB.

f) Il y avait en France en 2010 :

- 519 417 conseillers municipaux ;
- 4 042 conseillers généraux ;
- 1 880 conseillers régionaux.

g) En 2010, la fonction publique territoriale comptait plus de deux millions d'agents relevant de 57 445 employeurs : 10 % des agents étaient de catégorie A, 14 % de catégorie B et 76 % de catégorie C.

Fiche 27 La réforme des collectivités territoriales

La loi du 16 décembre 2010 réforme en profondeur l'organisation des collectivités territoriales.

I - DE NOUVEAUX ACTEURS

Lors de leur première élection en 2014, les conseillers territoriaux remplaceront les conseillers généraux et régionaux. Ils seront élus au scrutin uninominal majoritaire à deux tours et seront renouvelés tous les six ans. Au nombre de 3 471, ils siégeront à la fois au conseil général et au conseil régional.

II - DE NOUVELLES STRUCTURES LOCALES

Le titre II de la loi de 2010 concerne l'adaptation des « *structures à la diversité des territoires* ». On trouve ainsi quatre nouveaux outils d'aménagement territorial permettant de prendre en compte les enjeux de l'urbanisation croissante :

- la création de métropoles qui sont composées de plusieurs communes et formant un ensemble de plus de 500 000 habitants ;
- la création de pôles métropolitains pour les EPCI de plus de 300 000 habitants ;
- la possibilité de constituer des communes nouvelles par fusion de communes volontaires ;
- le regroupement envisageable entre départements ou entre régions et départements.

III - L'ACHÈVEMENT DE LA CARTE DE L'INTERCOMMUNALITÉ

Le volet intercommunal est l'un des aspects centraux de la réforme. Le but poursuivi est de rationaliser le fonctionnement de l'intercommunalité à fiscalité propre. Pour y parvenir, la carte intercommunale devra être achevée le 1er juin 2013. À cette date, toutes les communes devront avoir intégré une structure intercommunale. Les préfets joueront à cet égard un rôle essentiel pour guider cette intégration à travers des pouvoirs temporaires qui leurs sont accordés dans le cadre du schéma départemental de coopération intercommunale.

IV - CLAUSE GÉNÉRALE DE COMPÉTENCE ET FINANCEMENTS CROISÉS

La clause générale de compétence des collectivités territoriales leur permettait d'agir sur la base de l'intérêt public local dans de nombreux domaines, sans qu'une définition précise ni limitative n'existe et dès lors que la compétence n'était pas assignée par les textes à une autre personne publique. Cette clause générale est supprimée pour les départements et les régions à compter du 1er janvier 2015.

Compétents dans les domaines que la loi leur attribue, département et régions auront néanmoins une capacité d'initiative dans les domaines d'intérêts locaux pour lesquels la loi n'a donné compétence à aucun autre acteur. De manière exceptionnelle, la loi a également prévu qu'une compétence spécifique puisse être partagée entre plusieurs collectivités (cas du tourisme, de la culture et du sport qui demeurent partagées entre les communes, les départements et les régions).

Les présidents des conseils généraux et régionaux devront établir en 2014 un schéma d'organisation des compétences et de mutualisation des services. Ce document devra permettre de définir l'organisation des interventions financières de la région et des départements en matière d'investissement et de fonctionnement ainsi que les modalités de mutualisation de leurs services (par mise à disposition ou regroupement) et de leurs équipements.

À compter du 1er janvier 2015, à défaut d'adoption d'un schéma d'organisation des compétences et de mutualisation des services, aucun projet ne pourra bénéficier d'un cumul de subventions d'investissement et de fonctionnement du département et de la région, sauf pour les projets des communes de moins de 3 500 habitants ou ceux des EPCI de moins de 50 000 habitants.

Fiche 28 Les principes généraux des finances locales

Les finances locales sont à la fois soumises aux principes généraux qui régissent les finances publiques de l'État mais aussi à certaines règles spécifiques.

I - L'ANNUALITÉ BUDGÉTAIRE

La règle de l'annuité budgétaire pour les finances locales trouve sa signification dans le caractère annuel des lois de finances du budget de l'État. En effet, de nombreuses dispositions de celles-ci ont une influence directe sur les budgets locaux, qu'il s'agisse par exemple du montant de la dotation globale de fonctionnement ou d'autres dispositions fiscales.

En principe, comme pour l'État, les budgets locaux devraient être établis pour le 1er janvier de chaque année. Toutefois, des dérogations sont possibles et les budgets de l'année N doivent être au plus tard établis au 31 mars de la même année, éventuellement au 15 avril en cas d'élections (renouvellement de l'assemblée délibérante). Pendant cette période et en l'absence de budget, l'organe exécutif (maire, président du conseil général ou régional) peut mettre en recouvrement les recettes et engager puis liquider les dépenses de fonctionnement dans la limite des crédits inscrits au budget précédent. Cette mesure est indispensable au bon fonctionnement courant des différents services et permet d'assurer la rémunération des agents. Pour les dépenses d'investissement, elles peuvent être mandatées dans la limite du quart des crédits de l'année précédente après autorisation de l'assemblée délibérante (délibération du conseil municipal).

Dans l'hypothèse où le budget ne serait pas adopté dans les délais (31 mars ou 15 avril), la collectivité se voit appliquer une autre procédure à l'initiative du représentant de l'État (préfet). Il s'agit du contrôle budgétaire exercé par les chambres régionales des comptes (CRC) qui disposent d'un délai d'un mois pour formuler des propositions en vue de l'élaboration d'un budget qui peut, en dernier recours, être rendu exécutoire par le préfet. Le cas échéant, pendant toute cette procédure, la collectivité fonctionne selon le système des douzièmes provisoires.

Ce principe connaît toutefois des exceptions.

La première exception est constituée par l'existence du budget supplémentaire (BS) qui se présente comme un ajustement du budget primitif (BP). En effet, au moment du vote de ce dernier, il n'est pas toujours possible d'avoir une vision précise de toutes les dépenses et recettes. Le BS permet donc de corriger en cours d'année les prévisions du budget primitif. Mais le BS est aussi un budget de report (d'où l'exception au principe d'annualité) puisqu'au moment du vote du budget primitif, les résultats de l'exercice précédent n'étant pas toujours connus ils n'ont donc pas pu être pris en compte dans le BP. Le rôle du budget supplémentaire est donc de reprendre comptablement les résultats apparaissant au compte administratif. Le BS est en général adopté vers le mois d'octobre et présenté suivant le même formalisme que le budget primitif.

La deuxième exception recouvre les décisions modificatives (DM) qui viennent en cours d'année modifier l'autorisation budgétaire initiale. Les dépenses supplémentaires qui y sont contenues doivent être couvertes soit par des recettes nouvelles soit par une réduction d'autres dépenses.

La troisième exception est la journée complémentaire grâce à laquelle les collectivités ont la faculté de rattacher jusqu'au 31 janvier de l'année N+1 les dépenses de fonctionnement engagées au 31 décembre de l'année N. Concrètement, la journée complémentaire permet donc de prolonger l'exécution des crédits de fonctionnement du budget de l'année précédente.

II - L'UNITÉ BUDGÉTAIRE

Selon cette règle, le budget doit être constitué par un document unique. Bien que simple, la pratique des finances locales conduit toutefois à identifier plusieurs dérogations à ce principe.

Il s'agit d'abord des nombreux documents annexés au budget : les documents d'information financière (recensement des emprunts, ratios divers...) et les éléments relatifs à la situation financière et patrimoniale de la collectivité (état des emprunts et des dettes de la collectivité, état des prêts et des avances, état du personnel...). On peut aussi évoquer l'existence des budgets annexes dont la création doit faire l'objet d'une délibération du conseil municipal. Ces budgets décrivent l'exécution et la gestion de services publics exercés en régie et qui disposent d'une relative autonomie financière. La justification de cette séparation du budget général s'explique par la volonté de mieux contrôler le coût de certaines activités pour mieux en suivre l'évolution.

III - L'UNIVERSALITÉ BUDGÉTAIRE

D'une manière classique, le principe d'universalité budgétaire comprend deux règles : la règle du produit brut et la règle de non affectation des recettes. La règle du produit brut (ou non contraction) implique que toutes les dépenses et toutes les recettes doivent figurer dans le budget ; il est donc interdit de procéder à des compensations.

Quant à la règle de non affectation, elle signifie que l'ensemble des recettes doit couvrir l'ensemble des dépenses et qu'il est interdit d'affecter des recettes à des dépenses spécifiques.

Mais contrairement aux finances de l'État, les affectations de recettes sont nombreuses dans le domaine des finances locales (taxe sur l'enlèvement des ordures ménagères, taxe de séjour, taxe d'usage des abattoirs…). Par ailleurs, la règle du produit brut connait une exception notable puisque seul le solde des budgets annexes figure dans le budget de la collectivité.

IV - LA SPÉCIALITÉ BUDGÉTAIRE

On distingue plusieurs types de présentation des crédits au sein du budget.

Dans les communes de moins de 3 500 habitants, les comptes sont tenus par nature, c'est-à-dire que dépenses et recettes sont réparties entre différentes lignes suivant leurs objets. On peut donc connaître précisément les sommes que la commune a décidé d'inscrire à son budget.

Exemples :

- compte 6282 : frais de gardiennage (églises, forêts et bois communaux ...) ;
- compte 6451 : cotisations à l'URSSAF.

Dans les communes de 3 500 habitants à 10 000 habitants, les budgets sont obligatoirement votés par nature mais ils comportent une présentation fonctionnelle qui permet de regrouper par grandes masses les principaux secteurs d'intervention des communes :

- fonction 0 : services généraux des administrations publiques locales ;
- fonction 1 : santé et salubrité publiques ;
- fonction 2 : enseignement et formation ;
- fonction 3 : culture ;
- fonction 4 : sport et jeunesse ;
- fonction 5 : interventions sociales et santé ;
- fonction 6 : famille ;
- fonction 7 : logement ;
- fonction 8 : aménagement et services urbains, environnement ;
- fonction 9 : action économique.

Pour les communes d'au moins 10 000 habitants, la loi laisse le choix entre un vote par natures et un vote par fonction. Toutefois, pour garantir un niveau d'information homogène entre les collectivités, une présentation « croisée » est exigée. Ainsi, si le budget est voté par nature, il devra comporter une présentation fonctionnelle ; s'il est voté par fonction, il mentionnera une présentation par nature.

V - L'ÉQUILIBRE BUDGÉTAIRE

Selon les termes de l'article L1612-4 du code général des collectivités territoriales (CGCT), le « *budget (…) est en équilibre réel lorsque la section de fonctionnement et la section d'investissement sont respectivement votées en équilibre, les recettes et les dépenses ayant été évaluées de façon sincère et lorsque le prélèvement sur les recettes de la section de fonctionnement au profit de la section d'investissement, ajouté aux recettes propres de cette section, à l'exclusion du produit des emprunts et éventuellement aux dotations des comptes d'amortissements et de provisions, fournit des ressources suffisantes pour couvrir le remboursement en capital des annuités d'emprunt à échoir au cours de l'exercice* ».

Il apparaît donc que la notion d'équilibre réel recouvre trois conditions cumulatives :

- d'une part, l'équilibre doit être réalisé section par section (fonctionnement et investissement) ;
- d'autre part, les dépenses et les recettes doivent avoir été évaluées de façon sincère, sans omission, majoration ni minoration ;
- enfin, le remboursement en capital des emprunts doit être exclusivement couvert par des fonds propres, c'est-à-dire exclusion faite de nouveaux emprunts dont le recours pourrait éventuellement être envisagé. L'objectif de cette exigence est en réalité de proscrire toute « cavalerie budgétaire » qui consisterait à rembourser un emprunt par un autre emprunt…

La règle l'équilibre réel s'applique non seulement au budget primitif mais aussi au budget supplémentaire, aux décisions modificatives ainsi qu'aux budgets annexes.

Fiche 29 La structure des budgets locaux

Les budgets des collectivités territoriales sont décomposés en deux sections : la section de fonctionnement et la section d'investissement.

I - LA SECTION DE FONCTIONNEMENT

Elle regroupe l'ensemble des dépenses et des recettes récurrentes relatives au fonctionnement courant des services municipaux.

Pour les dépenses, de manière schématique il s'agit des charges liées aux rémunérations, aux achats de fournitures et de services, aux subventions versées par la collectivité et aux frais financiers (intérêts des emprunts).

Concernant les recettes, on trouve les recettes fiscales (impôts), les dotations versées par l'État (par exemple la dotation globale de fonctionnement) ainsi que les produits de l'exploitation du domaine (location de salle des fêtes, droits de place au marché municipal…).

La section de fonctionnement génère un résultat dont l'excédent peut être versé au profit de la section d'investissement. Ce prélèvement sur les ressources de fonctionnement a notamment vocation à couvrir une partie du remboursement des emprunts mais aussi à financer certaines dépenses d'équipement (on parle alors d'autofinancement).

II - LA SECTION D'INVESTISSEMENT

Elle comprend les dépenses et les recettes qui sont de nature à augmenter la valeur du patrimoine de la collectivité.

Au titre des dépenses, on retrouve l'ensemble des acquisitions immobilières (crèches, écoles, gymnases…) et des matériels durables (véhicules, serveurs informatiques…) ainsi que le remboursement de capital des emprunts et les grosses réparations d'entretien des infrastructures.

En ce qui concerne les recettes, celles-ci comprennent les subventions reçues (dotation générale d'équipement, le FCTVA), le produit des aliénations de biens meubles ou immeubles (ventes de biens immobiliers appartenant à la commune) ainsi que la part excédentaire de la section de fonctionnement qui a été transférée. Hormis certains cas tout à fait spécifiques, les recettes d'investissement relèvent définitivement de la section d'investissement et ne peuvent pas faire l'objet d'un transfert à la section de fonctionnement.

Fiche 30 Dépenses et recettes des collectivités territoriales

I - LES RECETTES DES COLLECTIVITÉS TERRITORIALES

Elles sont nombreuses.

A - Les impôts et taxes

Il s'agit de la catégorie de ressource la plus importante pour les collectivités territoriales. Certaines proviennent de la fiscalité indirecte (taxe locale d'équipement ou taxe additionnelle aux droits de mutation). Jusqu'en 2010, la fiscalité directe reposait sur quatre taxes :

- la taxe d'habitation (TH) ;
- la taxe sur le foncier bâti (TFB) ;
- la taxe sur le foncier non bâti (TFNB) ;
- la taxe professionnelle (TP).

La suppression de la taxe professionnelle en 2010 est à l'origine d'une profonde réforme du système fiscal local : celle-ci s'est d'abord appliquée aux entreprises et doit rentrer en vigueur pour les collectivités territoriales au cours de l'année 2011. C'est la contribution économique territoriale (CET) qui remplace désormais la taxe professionnelle. Elle se compose de deux éléments :

- la cotisation foncière des entreprises (CFE) qui est calculée sur la valeur locative des biens immobiliers assujettis à la taxe foncière et utilisés par les entreprises implantées sur le territoire concerné pour les besoins de leurs activités ;
- la cotisation sur la valeur ajoutée des entreprises (CVAE) calculée par l'application d'un taux progressif sur la valeur ajoutée produite par les entreprises (il s'agit de la valeur ajoutée entendue au sens fiscal et égale à la différence entre le chiffre d'affaires et certaines charges).

B - Les transferts et concours de l'État

Les transferts et concours de l'État ont pour objectif de compenser l'augmentation des dépenses liée aux différents transferts de compétences opérés par l'État vers les collectivités territoriales. On distingue :

- la dotation globale de fonctionnement (DGF), créée en 1979, dont le montant est établi chaque année par la loi de finances (elle est aussi versée aux régions depuis 2004) ;
- la dotation globale d'équipement (DGE) et la dotation de développement rural (DDR) qui fusionnent depuis 2011 dans une « dotation d'équipement des territoires ruraux » (DETR) : celle-ci doit permettre la mise en œuvre de projets dans le domaine économique, social, environnemental et touristique et la réalisation d'investissements favorisant le développement ou le maintien des services publics en milieu rural ;
- le fonds de compensation pour la taxe sur la valeur ajoutée (FCTVA) qui compense sur la base d'un taux forfaitaire, la TVA acquittée les investissements des collectivités territoriales ;
- le financement des nouveaux transferts de compétences (par exemple, dotation générale de décentralisation de formation professionnelle compensant, pour les régions, les transferts de compétences en matière de formation).

C - L'emprunt

Les communes sont autonomes en matière de recours à l'emprunt qui n'est pas soumis aux dispositions de mise en concurrence prévues par le code des marchés publics. Les emprunts sont exclusivement destinés à financer des investissements (équipement spécifique ou ensemble de plusieurs travaux).

D - Les fonds structurels européens

Il s'agit du fonds européen de développement régional (FEDER) et du fonds social européen (FSE) qui contribuent de manière importante aux ressources des collectivités territoriales. Sur la période 2007-2013, ces montants sont d'environ 13,7 Md€ essentiellement gérés au niveau des régions.

II - LES DÉPENSES DES COLLECTIVITÉS TERRITORIALES

On distingue les dépenses de fonctionnement et les dépenses d'investissement. En 2009, les collectivités territoriales et leurs groupements à fiscalité propre ont dépensé 214 Md€.

A - Les dépenses de fonctionnement

Parmi celles-ci, on retrouve principalement :

- les dépenses de personnel ;
- les intérêts des emprunts ;
- les achats et charges externes (fournitures courantes nécessaires au fonctionnement des services).

B - Les dépenses d'investissement

Elles correspondent à des opérations en capital qui comprennent :

- les remboursements des emprunts ;
- les travaux d'équipement et de gros entretien ;
- les acquisitions immobilières et mobilières.

Fiche 31 Qu'est-ce qu'un produit structuré ?

I - UNE DÉFINITION

Il n'existe pas de définition officielle de l'expression « produit structuré ». De manière simplifiée, on peut considérer qu'un produit structuré est un emprunt d'une longue durée dont le déroulement s'opère en plusieurs phases :

- une première phase de quelques années avec un taux d'intérêt significativement moins élevé que ceux du marché : on parle alors de « phase de bonification » ;
- une seconde phase beaucoup plus longue, caractérisée par un taux d'intérêt variable calculé en fonction de la fluctuation d'indices dont l'ampleur n'est pas maîtrisable par l'emprunteur ;
- une troisième phase (en fin d'emprunt) qui constitue une nouvelle période de taux bonifiés.

II - UN NOUVEAU TYPE DE TAUX

Les produits structurés viennent s'ajouter à la traditionnelle classification entre emprunts à taux fixes et emprunts à taux variables.

Un taux fixe est établi pour toute la durée du prêt. Le montant de chaque mensualité est connu au moment de la souscription de l'emprunt. L'emprunteur est certes protégé contre d'éventuels risques de hausse des taux mais, à l'inverse, il ne pourra pas bénéficier de leur baisse.

Un taux variable est calculé par référence à un indice (souvent majoré d'une commission prélevée par la banque). Le taux d'intérêt n'est pas connu à l'avance et le montant des mensualités varie périodiquement (chaque année) et automatiquement, en fonction de ses variations. L'emprunteur supporte donc le risque de hausse des taux mais bénéficie en contrepartie de ses baisses. Dans la plupart des cas, la variation maximale est limitée dès l'origine par l'existence d'un taux ne pouvant être franchi : on parle de « taux capé ». Le taux capé peut concerner une limitation de la hausse du taux ou une limitation de sa hausse et de sa baisse. Par exemple, un emprunt au taux de 4 % capé 1 pourra connaître un taux maximal de 5 %. De la même façon, un emprunt au taux de 3,5 % capé + 1,5/-1,5 verra son taux varier entre 2 % et 5 %.

Les produits structurés sont quant à eux assujettis à des taux fixes, puis variables, puis fixes. En phase de variation, ils ne sont pas toujours capés, c'est-à-dire qu'ils peuvent augmenter sans limite, jusqu'à des valeurs très importantes en fonction de l'indice choisi. C'est d'ailleurs au cours de cette période que la banque constitue sa forte marge bénéficiaire lui permettant de proposer des taux bonifiés au début et en fin de contrat.

III - QUELS SONT LES DIFFÉRENTS TYPES DE PRODUITS STRUCTURÉS ?

On distingue plusieurs types de produits structurés dont les risques ne sont pas identiques.

A - Les produits à barrière désactivante

Le taux bonifié est remplacé par un taux variable dès qu'un indice dépasse un seuil (barrière). Le risque inhérent à ce produit est limité puisqu'il se rapproche sensiblement d'un emprunt à taux variable. En contrepartie, son taux n'est généralement que faiblement bonifié et quasiment comparable aux taux variables que l'on retrouve sur le marché. Globalement, les emprunts à barrière désactivante ne sont profitables qu'en cas de stabilité des taux d'intérêt. Dans le cas contraire, ils souffrent des contraintes cumulées des emprunts à taux fixe et à taux variables : en cas de forte baisse des taux, l'emprunteur n'en bénéficie pas ; en cas de hausse, son taux d'intérêt augmente en fonction des évolutions de l'indice convenu.

B - Les produits de pente

Le taux applicable à un produit de pente est fonction d'une fourchette de variation entre les taux courts et les taux longs. Le taux de crédit est faible tant que l'écart entre le taux long et le taux court est inférieur à un seuil. En revanche, il devient très nettement supérieur s'il dépasse ce seuil. L'hypothèse de base de cette configuration d'emprunt repose sur des conditions normales de marché selon lesquelles les taux à long terme sont supérieurs aux taux à court terme. Les intérêts des parties sont donc divergents : les banquent comptent sur la diminution de l'écart entre taux courts et taux longs alors que les emprunteurs espèrent la situation inverse.

C - Les produits à barrière de change

Après une phase bonifiée, le taux d'intérêt devant être payé dépend de l'évolution d'une parité monétaire (euro contre dollar, euro contre franc suisse, yen contre dollar…). Lorsqu'un seuil de parité fixé est franchi, le taux fixe bonifié est remplacé par un taux qui est fonction de l'écart entre le seuil contractuellement défini et la parité du moment. Cette différence peut même être affectée d'un coefficient multiplicateur. Les risques de ces produits sont importants car ils se basent parfois sur des devises d'États situés hors de la zone euro donc, par définition, peu maîtrisables (exemple : parité franc suisse contre yen). Et en ce qui concerne les taux indexés sur l'euro (exemple : euro contre dollar), les fluctuations de cette devise récente ne peuvent pas toujours être facilement anticipées.

D'une manière plus générale, dans un contexte de crise financière internationale, les évolutions aussi imprévisibles qu'importantes des différentes places financières exposent les détenteurs de ces emprunts à de graves dégradations de taux.

IV - QUELLES SONT LES CONSÉQUENCES DE TELS EMPRUNTS ?

Si les produits structurés sont aujourd'hui répandus, les collectivités n'ont malheureusement pas toujours pris la mesure des engagements qu'elles avaient souscrits. Soit en raison de la grande complexité des produits financiers proposés, soit par insuffisance de conseil de la part des banques qui n'hésitent plus à recommander des formules qu'elles savent potentiellement dangereuses.

Compte tenu du principe même de fonctionnement des emprunts structurés et de l'existence d'une phase bonifiée à taux très bas, il n'est pas surprenant de constater que ce sont les collectivités les plus endettées qui y ont eu recours dans un premier temps. Elles ont ainsi trouvé un moyen facile de reporter une charge sur plusieurs années leur permettant d'améliorer temporairement leur situation financière.

Il reste que la technicité financière de ces emprunts ne prédispose pas à une bonne information des assemblées délibérantes. Elle peut même porter atteinte aux règles applicables en matière de fiabilité des comptes. Ainsi, lorsque les emprunts sont dans leur première phase fixe et bonifiée, ils sont souvent qualifiés de « fixes » pour toute leur durée dans les états relatifs à la dette et devant être annexés au budget primitif. En outre, ils faussent les opérations de rattachement des charges à l'exercice : seuls les intérêts très faibles de la période initiale sont comptabilisés alors que sont exclus les risques de taux élevés lors des exercices suivants.

TITRE II

LE PROCESSUS BUDGÉTAIRE

Chapitre 1 - Les différents budgets

Chapitre 2 - L'établissement des budgets locaux

Fiche 32

Calendrier budgétaire et budgets associés

Dans le calendrier budgétaire, il existe plusieurs étapes de la préparation du budget aux opérations de clôture comptable de l'exercice.

I - LE DÉBAT D'ORIENTATION BUDGÉTAIRE

Depuis la loi 6 février 1992 relative à l'administration territoriale de la République (dite « loi ATR »), il est prévu que les communes de plus de 3 500 habitants organisent un débat lors d'un conseil municipal sur les orientations générales du budget de l'exercice ainsi que sur les engagements pluriannuels envisagés. Conformément aux dispositions de l'article L2121-8 du CGCT, le débat d'orientation budgétaire (DOB) qui est destiné à éclairer le vote des élus doit avoir lieu dans un délai de deux mois précédant l'examen du budget par l'assemblée délibérante.

Entre autres dispositions, le DOB doit contenir des éléments de perspective budgétaire (grandes orientations de la politique financière suivie par la commune) mais aussi des données de prospective financière (évaluation à moyen terme des ressources prévisibles de la commune).

II - LE BUDGET PRIMITIF

Le budget primitif (BP) de la commune est l'acte par lequel sont prévues et autorisées les recettes et les dépenses annuelles de la commune (article L2311-1 du CGCT). Il doit être voté par l'assemblée délibérante avant le 31 mars de l'année à laquelle il se rapporte (15 avril en cas d'élections) et transmis au représentant de l'État dans les 15 jours qui suivent son approbation. Le BP se présente en deux parties : une section de fonctionnement et une section d'investissement.

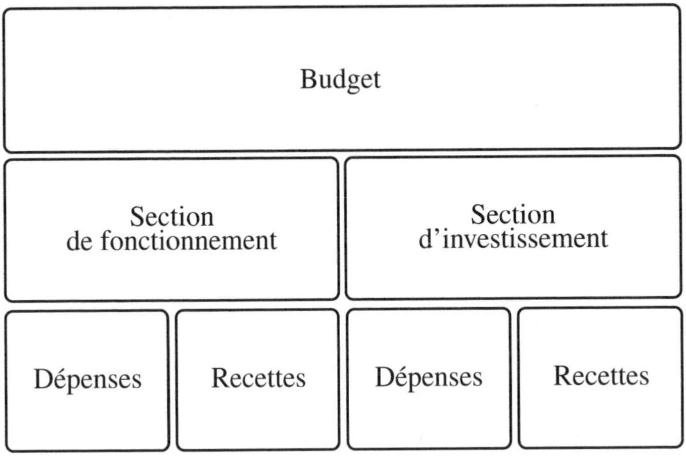

III - LE BUDGET SUPPLÉMENTAIRE

Le budget supplémentaire (BS) est un acte d'ajustement et de report qui peut être comparé aux lois de finances rectificatives que l'on retrouve dans le budget de l'État. Le BS permet de reprendre dans le budget de l'année en cours le résultat budgétaire de l'exercice précédent. Il n'est plus systématique puisque la généralisation des moyens informatiques permet aujourd'hui d'établir en début d'année le résultat comptable (excédent ou déficit) de l'année écoulée. Ce dernier qui figure au sein du compte administratif (CA) est donc ensuite repris au stade de l'élaboration du budget primitif (31 mars ou 15 avril).

IV - LES DÉCISIONS MODIFICATIVES

Les décisions modificatives (DM) permettent d'ajuster en cours d'année les prévisions figurant au budget primitif mais elles n'ont pas de fonction de report. Elles prennent la forme de délibérations du conseil municipal autorisant l'exécutif local à réaliser de nouvelles dépenses ou des recettes supplémentaires. En ce qui concerne les dépenses, elles doivent être couvertes par des recettes nouvelles ou par la réduction d'autres dépenses.

V - LE COMPTE ADMINISTRATIF

L'ordonnateur doit rendre compte annuellement des opérations budgétaires qu'il a exécutées. À la clôture de l'exercice, il doit établir un compte administratif (CA) pour le budget principal (et, le cas échéant, un compte administratif pour chaque budget annexe). Le CA est le reflet des réalisations effectives des dépenses et des recettes au cours de l'année écoulée. Il rapproche les prévisions (ou autorisations) inscrites au budget primitif des réalisations effectives en dépenses et en recettes. Le CA détermine également le résultat comptable de l'exercice (excédent ou déficit).

Le compte administratif doit être soumis au vote de l'assemblée délibérante avant le 30 juin de l'année suivant l'exercice auquel il se rapporte (article L1612-12 du CGCT).

Fiche 33

Les instructions budgétaires et comptables des collectivités territoriales :

l'exemple des communes et de l'instruction M14

I - CONTEXTE

La comptabilité des communes s'inspire du plan comptable général applicable aux entreprises. Et en pratique, plusieurs réformes successives de l'instruction budgétaire applicables aux collectivités territoriales (instruction M14) ont progressivement décliné certains principes de la comptabilité privée au fonctionnement des services publics locaux.

II - PRÉSENTATION DE L'INSTRUCTION M14

L'instruction budgétaire et comptable M14, applicable aux communes et aux établissements publics communaux et intercommunaux à caractère administratif, a été mise en place le 1er janvier 1997. L'objectif de cette réforme était d'améliorer l'information budgétaire et financière à partir des principes édictés par le plan comptable général (PCG) de 1982. Il convenait toutefois de prendre en compte certaines particularités propres au secteur public :

- les règles budgétaires : caractère limitatif des crédits, séparation du budget en deux sections équilibrées ;
- les règles de comptabilité publique : séparation des fonctions d'ordonnateur et de comptable.

III - UN DOMAINE D'APPLICATION ADAPTÉ À LA TAILLE DES COMMUNES

Pour les 33 000 communes de moins de 3 500 habitants, le législateur a décidé de limiter l'incidence de la réforme à la refonte du plan de comptes par nature et à de nouvelles modalités d'affectation du résultat. Pour les collectivités de plus de 3 500 habitants, la réforme a donné lieu à des modifications plus substantielles, notamment en ce qui concerne les procédures d'amortissement, de provisionnement et de rattachement des charges et des produits à l'exercice.

IV - LA RÉFORME DE 2006

L'instruction M14 a connu une réforme importante en 2006 qui a permis la simplification des procédures et favorisé la plus grande lisibilité des informations budgétaires à travers la diminution du volume des documents comptables. D'autres aspects plus techniques ont également été pris en compte, notamment l'extension de la pluriannualité budgétaire (autorisation d'engagement, autorisation de programme et crédits de paiement) ou le changement du régime d'attribution des subventions.

V - LE PLAN DE COMPTES DE LA M14

L'instruction M14 comprend huit classes de comptes :

- classe 1 : comptes de capitaux (fonds propres, emprunts et dettes assimilées) ;
- classe 2 : comptes d'immobilisations (éléments d'actif destinés à servir de façon durable à l'activité communale et intégrés dans le patrimoine sous forme corporelle, incorporelle ou financière) ;
- classe 3 : comptes de stocks et d'encours (stocks de fournitures et de denrées destinés à être consommés) ;
- classe 4 : comptes de tiers (dettes et créances de la collectivité à l'égard des tiers) ;
- classe 5 : comptes financiers (décaissements et encaissements) ;
- classe 6 : comptes de charges ;
- classe 7 : compte de produits ;
- classe 8 : comptes spéciaux (engagements hors bilan).

Fiche 34 Les ratios financiers des collectivités territoriales

Si l'analyse financière a pris une place importante au sein des collectivités territoriales, c'est notamment en raison de leur endettement croissant. Celui-ci a en effet rendu indispensable l'élaboration d'indicateurs de gestion permettant d'informer les contribuables de leur situation et des risques éventuellement encourus. La récente crise financière a d'ailleurs renforcé cette nécessité. En effet, certaines communes ont été amenées à souscrire des emprunts dont les taux susceptibles de varier fortement sans préavis (produits structurés) présentent des dangers non négligeables.

L'article L2313-1du CGCT prévoit que les budgets des communes, mis à la disposition du public dans les quinze jours qui suivent leur adoption, doivent être assortis de données synthétiques financières. L'article R2313-1 en dresse la liste précise. L'objectif n'est pas ici de les détailler dans leur intégralité mais plutôt d'identifier quelques indicateurs économiques applicables à une collectivité et d'en donner une interprétation concrète.

I - LE POTENTIEL FISCAL

Le potentiel fiscal est égal au produit des bases des impôts directs de la commune (taxe d'habitation, taxes foncières sur le bâti et le non bâti) multipliées par les taux moyens nationaux de l'ensemble des communes. Il mesure la richesse potentielle de la collectivité.

II - LE COEFFICIENT DE MOBILISATION DU POTENTIEL FISCAL

Exprimé en pourcentage, le coefficient de mobilisation du potentiel fiscal (CMPF) reflète la pression fiscale. C'est le rapport entre le produit des ressources fiscales levées par la commune et son potentiel fiscal. Par définition, une pression fiscale optimale est égale à 100 %. Si le CMPF est supérieur à 100 %, il signifie que la commune ne peut plus de dégager de marge de manœuvre en matière de fiscalité. *A contrario*, s'il est inférieur à 100 %, il signifie que les ressources fiscales potentielles n'ont pas toutes été mobilisées par la collectivité. Celle-ci pourrait donc économiquement (politiquement, il s'agit d'une autre question…) augmenter les impôts.

III - LA CAPACITÉ D'AUTOFINANCEMENT

Remarque : les chiffres utilisés ci-dessous sont fictifs et portent sur sept exercices (de 2004 à 2010). Ils sont exprimés en milliers d'euros (k€).

La capacité d'autofinancement (CAF) mesure la capacité de la collectivité à dégager des recettes structurelles de fonctionnement pour financer ses investissements. Elle est un gage d'indépendance financière. On distingue la CAF brute de la CAF nette.

A - La CAF brute

La CAF brute est calculée par différence entre les recettes et les charges fonctionnement.

CAF brute = recettes de fonctionnement – dépenses de fonctionnement

k€	2004	2005	2006	2007	2008	2009	2010
Recettes de fonctionnement	70 500	72 100	74 700	79 400	80 200	80 900	82 000
Dépenses de fonctionnement	63 900	65 500	62 400	63 600	65 000	66 700	68 100
CAF brute	6 600	6 600	12 300	15 800	15 200	14 200	13 900

L'évolution de la CAF brute est favorable sur la période avec une nette progression à partir de 2005 qui se poursuit jusqu'en 2010. Celle-ci s'explique par une augmentation des recettes de fonctionnement et, corrélativement, d'une baisse des dépenses. C'est l'effet dit « de ciseau inversé ».

B - La CAF nette

La CAF nette est la CAF brute dont on retire le capital remboursé de la dette. Elle mesure la capacité de la collectivité à financer ses dépenses d'investissement grâce à ses ressources propres, c'est-à-dire une fois acquittée la charge obligatoire des emprunts.

CAF nette = CAF brute – capital remboursé de la dette

k€	2004	2005	2006	2007	2008	2009	2010
CAF brute	6 600	6 600	12 300	15 800	15 200	14 200	13 900
Capital remboursé de la dette	4 800	5 200	3 900	2 900	5 400	6 600	5 700
CAF nette	1 800	1 400	8 400	12 900	9 800	7 600	8 200

La CAF nette est irrégulière. Elle connaît son point culminant en 2007. L'augmentation importante constatée entre 2005 et 2006 s'explique à la fois par une CAF brute en forte progression et par un montant de capital de dette remboursé qui est en repli par rapport à 2004. Son caractère positif de 2004 à 2010 est un point positif : cette collectivité n'inspire pas d'inquiétude.

IV - LE COEFFICIENT DE RIGIDITÉ

Le coefficient de rigidité permet de mesurer le poids des charges incompressibles à court et moyen terme. Il résulte du rapport entre les charges de personnel et les intérêts de la dette sur les recettes réelles de fonctionnement.

$$\textbf{Coefficient de rigidité} = \frac{\textbf{dépenses de personnel + intérêts des emprunts}}{\textbf{recettes de fonctionnement}}$$

k€	2004	2005	2006	2007	2008	2009	2010
Dépenses de personnel	35 400	36 000	36 500	37 400	38 900	41 200	42 600
Intérêts des emprunts	2 800	2 700	2 200	2 300	3 400	3 500	2 400
Recettes de fonctionnement	70 500	72 100	74 700	79 400	80 200	80 900	82 000
Coefficient de rigidité	54 %	53 %	51 %	50 %	52 %	55 %	54 %

Cette commune connaît une rigidité moyenne de ses dépenses. On considère qu'une rigidité excessive correspond à un taux d'environ 70 %.

V - LA CAPACITÉ DE DÉSENDETTEMENT

La capacité de désendettement exprime la durée nécessaire pour rembourser complètement sa dette en y consacrant la totalité de la capacité d'autofinancement (CAF). Mesurée en années, elle est égale au rapport entre le reliquat de dette (appelé « encours ») au 31 décembre de l'exercice et la CAF brute dégagée au cours la même période.

$$\text{Capacité de désendettement} = \frac{\text{encours de dette}}{\text{CAF brute}}$$

k€	2004	2005	2006	2007	2008	2009	2010
Encours de dette	74 000	75 200	76 300	77 400	79 600	83 100	89 500
CAF brute	6 600	6 600	12 300	15 800	15 200	14 200	13 900
Capacité de désendettement	11,21	11,39	6,20	4,90	5,24	5,85	6,44

La capacité de désendettement évolue très favorablement. Établie au-dessus de 11 années en 2004 et 2005, elle est en nette régression depuis cette date. Ceci est dû à la très forte progression de la CAF brute qui double presque (de 6 600 k€ à 12 300 k€) entre 2005 et 2006. On considère traditionnellement qu'un *ratio* dépassant 12 années doit faire l'objet d'un examen attentif. En dessous de 7, il n'inspire pas d'inquiétude.

TITRE III

LE CONTRÔLE DES BUDGETS LOCAUX

Chapitre 1 - Le contrôle des budgets par les chambres régionales des comptes

Chapitre 2 - Le contrôle des budgets par d'autres structures

Fiche 35 Le contrôle budgétaire

C'est l'une des trois grandes missions exercées par les chambres régionales des comptes (CRC) aux côtés du contrôle juridictionnel et de l'examen de gestion. On distingue quatre cas d'ouverture du contrôle budgétaire.

I - EN CAS DE NON INSCRIPTION D'UNE DÉPENSE OBLIGATOIRE

L'article L1615-15 du CGCT énonce que « *ne sont obligatoires pour les collectivités territoriales que les dépenses nécessaires à l'acquittement des dettes exigibles et les dépenses pour lesquelles la loi l'a expressément décidé* ».

En ce qui concerne les dettes exigibles, il s'agit du remboursement des emprunts ainsi que les dettes résultant d'engagements contractuels (marchés publics) ou de décisions de justice (condamnation au paiement d'une amende). Quant aux autres dépenses, « *pour lesquelles la loi l'a expressément décidé* », ce libellé un peu théorique a donc rendu nécessaire l'explicitation de cette qualification. L'article L2321-2 permet donc d'en cerner les contours. À titre d'exemple, sont reconnus comme des dépenses obligatoires les éléments suivants (liste non exhaustive) :

- l'entretien de l'hôtel de ville ;
- les frais de bureau et d'impression pour le service de la commune et les frais de conservation des archives communales ;
- la rémunération des agents communaux ;
- les dépenses d'entretien des voies communales.

Contrairement aux autres cas de contrôle budgétaire, en cas de non inscription d'une dépense obligatoires, trois acteurs peuvent ouvrir l'action qui débute avec la saisine de la CRC. Il s'agit du représentant de l'État (le préfet), mais aussi du comptable public ainsi que de tout tiers y ayant intérêt. Cette notion de personne « intéressée » par la saisine vise principalement des dépenses de rémunération non acquittée ou des fournisseurs non payés. Il n'est donc pas surprenant que la loi leur ait offert la possibilité d'ouvrir une action devant conduire au règlement des sommes leur étant dues.

La CRC apprécie le bien-fondé de la saisine, en particulier s'il ne s'agit pas d'une dépense obligatoire ou si le tiers ne prouve pas un intérêt direct à la poursuite de la procédure. Si elle fait droit à la saisine, la procédure se déroule ensuite en deux étapes.

La première étape consiste à mettre en demeure de la collectivité d'inscrire la dépense à son budget dans un délai d'un mois. Dans l'hypothèse où celle-ci défère aux exigences de la CRC, la difficulté n'a plus lieu d'être. Si la collectivité refuse, la CRC propose la création de ressources ou la diminution de dépenses qu'elle juge moins importantes afin de permettre de financer la dépense obligatoire. Le préfet rend ensuite exécutoire le budget modifié par la CRC. Il a néanmoins la faculté de s'écarter de ses propositions sous réserve se motiver sa décision (c'est en pratique très rare).

Une fois la dépense obligatoire inscrite au budget, il est indispensable qu'elle puisse être payée. Si tel n'est pas le cas, ce sont les dispositions de l'article L1612-16 du CGCT relatives au non mandatement d'une dépense obligatoires qui s'appliquent. Après mise en demeure de l'ordonnateur (maire, président du conseil général...) de procéder au mandatement et si une suite favorable n'y est pas donnée dans un délai d'un mois, le préfet procède alors au mandatement d'office de la dépense.

II - DANS L'HYPOTHÈSE OÙ LE BUDGET DE LA COLLECTIVITÉ N'EST PAS ADOPTÉ DANS LES DÉLAIS LÉGAUX

Lorsque le budget n'est pas adopté avant le 31 mars de l'année (ou le 15 avril en cas d'élections), la CRC peut être saisie par le préfet dans les quinze jours suivant la date limite du vote. Dans un délai d'un mois à compter de sa saisine, la CRC doit formuler des propositions en vue de l'adoption du budget qui est ensuite rendu exécutoire par le préfet.

III - DANS L'HYPOTHÈSE OÙ LE BUDGET VOTÉ EST EN DÉSÉQUILIBRE

Le budget des collectivités doit être voté en équilibre réel. Cette notion recouvre trois conditions cumulatives :

- les deux sections doivent être en équilibre, ce dernier s'appréciant pour la section de fonctionnement et la section d'investissement ;
- les recettes et les dépenses doivent avoir été évaluées de façon sincère, c'est-à-dire sans majoration ni minoration des recettes et des dépenses ;
- le remboursement des annuités en capital de la dette doit se faire par des ressources propres (donc il n'est pas possible de souscrire un nouvel emprunt pour en rembourser un plus ancien).

L'interdiction du déséquilibre budgétaire vise d'abord les cas de déficit, c'est-à-dire un ensemble de dépenses supérieures aux recettes. Mais la pratique montre aussi parfois des déséquilibres sous formes d'excédent de recettes par rapport aux dépenses. Les dispositions du contrôle budgétaire pour déséquilibre ont donc vocation à s'appliquer dans les deux cas (le premier étant plus fréquent que le second).

La saisine de la CRC est faite par le préfet dans le mois qui suit la réception du budget de la collectivité par ce dernier. Tant que la chambre régionale est saisie, la collectivité est dépourvue de tout pouvoir en matière budgétaire. Dans le cas d'une commune, le conseil municipal ne peut donc prendre aucune initiative au plan financier car l'exécution du budget est suspendue.

Après avoir constaté le déséquilibre, la CRC dispose d'un délai d'un mois pour proposer à la collectivité des mesures destinées à rétablir l'équilibre. Celle-ci doit prendre une nouvelle délibération afin d'appliquer les mesures décidées. Si aucune mesure n'est adoptée un délai d'un mois, la CRC demande au préfet de rendre exécutoire le projet de budget qu'elle a transmis. Si le préfet choisit de s'en écarter, il doit motiver les raisons de son choix.

Enfin, lorsque le budget d'une collectivité territoriale a été réglé et rendu exécutoire par le préfet, les budgets supplémentaires afférents au même exercice sont transmis, sous le même formalisme, par le préfet à la chambre régionale des comptes.

IV - DANS L'HYPOTHÈSE OÙ LE COMPTE ADMINISTRATIF EST PRÉSENTÉ EN DÉFICIT

Le compte administratif est le compte rendu de la gestion d'un ordonnateur (maire par exemple) pour un exercice comptable. Il doit retracer toutes les ouvertures de crédits votées par l'assemblée délibérante ainsi que toutes les dépenses et les recettes qui ont été effectuées.

Lors du vote du compte administratif, un déficit peut apparaitre. En application de l'article L1612-14 du CGCT, lorsqu'il est égal ou supérieur à 10 % des recettes de la section de fonctionnement s'il s'agit d'une commune de moins de 20000 habitants et à 5 % dans les autres cas (communes de plus de 20000 habitants), la chambre régionale des comptes, saisie par le préfet, propose à la collectivité territoriale les mesures nécessaires au rétablissement de l'équilibre budgétaire dans un délai d'un mois à compter de cette saisine.

Lorsque le budget d'une collectivité territoriale a fait l'objet des mesures de redressement mentionnées précédemment, le préfet transmet à la chambre régionale des comptes le budget primitif de l'exercice suivant. Si le déficit n'est pas résorbé, la CRC devra proposer au préfet des mesures visant à résorber le déficit et sur la base desquelles il réglera et rendra exécutoire le budget.

V - NOMBRE D'AVIS BUDGÉTAIRES RENDUS PAR LES CRC ENTRE 2007 ET 2010

Types de procédure	Nombre d'avis en 2007	Nombre d'avis en 2008	Nombre d'avis en 2009	Nombre d'avis en 2010
Non inscription d'une dépense obligatoire	225	175	180	160
Budget non adopté dans les délais légaux	114	49	108	129
Budget voté en déséquilibre	112	146	116	170
Compte administratif présenté en déficit	101	148	112	116

Fiche 36 Le contrôle juridictionnel

I - LE NOUVEAU CONTEXTE DU JUGEMENT DES COMPTES DES COMPTABLES PUBLICS

Le contrôle juridictionnel permet d'avoir l'assurance que les comptables publics dont les comptes sont « sous jugement » se sont correctement acquittés des obligations qui leur sont assignées en vertu des dispositions de l'article 60 de la loi de finances du 23 février 1963 et du décret n° 62-1587 du 29 décembre 1962 portant règlement général sur la comptabilité publique. L'irrespect de ces exigences peut être sanctionné par la mise en jeu de leur responsabilité personnelle et pécuniaire.

Ce contrôle intervient dans le cadre des dispositions de la loi n° 2008-1091 du 28 octobre 2008 relative à la Cour des comptes et aux chambres régionales des comptes. Les règles désormais applicables s'inscrivent dans le prolongement de l'arrêt Martinie contre France rendu en 2006 par la Cour européenne des droits de l'Homme (CEDH).

En pratique, cette décision a eu un retentissement important puisqu'elle a permis de réformer la procédure de jugement des comptes et de ramener à cinq ans le délai dont le juge des comptes dispose pour mettre en jeu la responsabilité personnelle et pécuniaire des comptables publics.

Le contrôle juridictionnel doit permettre de rassembler des éléments suffisamment précis et incontestables pour soit conclure à l'absence de charge par la voie d'une ordonnance, soit permettre au ministère public (parquet) de prendre un réquisitoire susceptible de déboucher sur la mise en débet du comptable.

II - L'OBJET DU CONTRÔLE JURIDICTIONNEL

Le contrôle juridictionnel comprend de nombreuses étapes techniques qu'il serait inutile de détailler ici. On retiendra néanmoins quelques aspects déterminants dans le bon déroulement de la procédure de jugement.

Il faut rappeler que les comptables publics sont tenus d'exercer le contrôle de la mise en recouvrement des créances des organismes publics, mais seulement dans la limite des éléments dont ils disposent. En d'autres termes, ils doivent émettre en temps utile les titres de recette lorsqu'ils sont informés de l'existence d'une créance (perception de loyers...). Cette obligation qui leur est faite n'est cependant qu'une simple obligation de moyen et non de résultat. Ainsi, quand le juge des comptes engage leur responsabilité, il souligne qu'ils ont manqué à l'obligation d'effectuer les diligences minimales permettant le recouvrement des recettes. En matière de dépense, ils doivent vérifier l'existence de crédits disponibles avant paiement et s'assurer de la présence des pièces justificatives indispensables à la régularité de la procédure (original des factures, décompte de liquidation…).

III - LES ÉTAPES DU CONTRÔLE JURIDICTIONNEL

Les étapes de la mise en jeu de la responsabilité personnelle et pécuniaire d'un comptable sont nombreuses ce qui explique la lenteur de la procédure. Cette dernière est ici résumée.

A - Le premier rapport

L'examen des pièces comptables (dénommées « comptes » dans le langage courant) par le magistrat donne d'abord lieu à l'élaboration d'un rapport portant sur l'ensemble des exercices à juger (donc hors exercices prescrits) pour chaque comptable concerné (c'est-à-dire en fonctions pour les exercices sous jugement). Ce rapport doit contenir les éléments justifiant ou non l'engagement de la responsabilité du comptable public ; il est ensuite transmis au ministère public (procureur financier), ce dernier devant à son tour se prononcer sur l'opportunité de la mise en jeu de la responsabilité du ou des comptables concernés.

B - La transmission au ministère public et le réquisitoire

Lorsque le ministère public ne retient aucune charge à l'encontre du comptable, ce dernier est alors déchargé de sa gestion par une ordonnance de la chambre (décision juridictionnelle prise par un magistrat unique). Dans le cas contraire, s'il constate l'existence d'éléments de nature à fonder l'engagement de responsabilité (paiement irrégulier d'une dépense ou négligence dans le recouvrement d'une recette), il établit un réquisitoire qui définit la nature et les caractéristiques des manquements reprochés ainsi que leur qualification juridique.

C - Le second rapport

Une instruction complémentaire est alors menée par le magistrat ayant établi le premier rapport : cette étape doit alors être précisément focalisée sur les éléments relevés par le ministère public et particulièrement sur tous les aspects de nature à engager la responsabilité des comptables. Tout au long de la procédure, des échanges ont lieu entre les comptables et le magistrat qui diligente la procédure pour obtenir des pièces justificatives (« moyens présentés en défense »). Les documents pouvant être transmis sont obligatoirement enregistrés par le greffe des CRC qui sont garants du respect de la procédure.

La clôture de l'instruction résulte du dépôt du second rapport au greffe ; ce dernier en informe les parties.

D - L'audience publique

Lors d'une audience publique, le magistrat qui a procédé à l'instruction donne lecture de son rapport à une formation composée de trois ou de cinq magistrats. Le procureur financier est également amené à formuler ses observations (il va lire son réquisitoire). Un dialogue peut avoir lieu entre le comptable (s'il est présent ou représenté) et le président de la formation de jugement. Le comptable dont la responsabilité est mise en cause est systématiquement entendu en dernier.

E - Le délibéré et le jugement

L'affaire est ensuite mise en délibéré. Le magistrat auteur des deux rapports ne participe pas au délibéré. À l'issue, le comptable peut être soit mis en débet, soit déchargé. La mise en débet d'un comptable le constitue débiteur de la collectivité publique. Le montant de la somme qu'il devra acquitter est celui des recettes non recouvrées ou celui des dépenses irrégulièrement payées auxquelles s'ajoutent des intérêts (taux légal).

F - Les voies de recours

Le comptable mis en débet par une CRC peut faire appel devant la quatrième chambre de la Cour des comptes. De la même façon, le ministère public peut exercer ce droit devant la même juridiction. La Cour rendra alors un arrêt confirmant ou infirmant la décision de première instance. Par effet dévolutif de l'appel, la Cour des comptes devra donc rejuger en fait et en droit l'affaire qui lui est soumise.

Un recours en cassation peut aussi être intenté. En pratique, ils sont peu nombreux. Conformément aux dispositions du code des juridictions financières, lorsque le Conseil d'État casse et annule un arrêt de la Cour des comptes, il appartient aux chambres réunies en formation restreinte de statuer sur l'affaire renvoyée.

IV - BILAN DE L'ACTIVITÉ JURIDICTIONNELLE DES CRC EN 2009 ET 2010

	2009	2010
Nombre de réquisitoires du ministère public	353	401
Nombre d'ordonnance de décharges signées	4 668	3 399
Nombre de jugements rendus	596	498
Nombre de débets prononcés	476	498

Fiche 37 L'examen de gestion

I - LE FONDEMENT JURIDIQUE

En application de l'article L211-8 du code des juridictions financières (CJF), les chambres régionales des comptes examinent la gestion des collectivités territoriales (communes, départements, régions) et de leurs établissements publics (hôpitaux, écoles, collèges, lycées). L'examen de la gestion porte sur la régularité des actes de gestion, sur l'économie des moyens mis en œuvre et sur l'évaluation des résultats atteints par rapport aux objectifs fixés par l'assemblée délibérante ou par l'organe délibérant.

II - LE PRINCIPE DE L'EXAMEN DE GESTION

L'examen de gestion (et non le contrôle de gestion comme on le lit souvent) porte d'abord sur la régularité de la gestion, c'est-à-dire sur la conformité des pratiques de la collectivité aux textes en vigueur (commande publique, gestion des ressources humaines, fiabilité des comptes…). Dans la grande majorité des cas, la régularité s'apprécie donc par rapport à un référentiel (texte législatif ou réglementaire).

Mais l'examen de gestion porte aussi de manière plus élargie sur l'économie des moyens mis en œuvre et sur l'évaluation des résultats atteints. Il s'agit ici de généraliser les techniques d'évaluation des politiques publiques pour en mesurer à la fois l'efficacité (atteinte des objectifs) mais aussi l'efficience (à moindre coût).

Depuis la loi du 21 décembre 2001, les CRC ne peuvent plus apprécier l'opportunité des choix politiques des élus. En pratique, elles ne peuvent donc pas émettre de critique (favorable ou défavorable) nécessairement subjective sur le bien-fondé d'une décision prise par un élu. Elles ne peuvent qu'en évaluer la portée de manière objective et factuelle, à partir des documents qu'elles réclament (bilan coût-avantage, mesure du taux de fréquentation d'un équipement publique, dérive du coût entre le début et la fin d'une opération d'investissement…).

III - LA PROCÉDURE DE L'EXAMEN DE GESTION PAR LES CHAMBRES RÉGIONALES DES COMPTES

A - Programmation et ouverture du contrôle

Les collectivités dont l'examen de gestion est envisagé au cours d'une année doivent faire l'objet d'une programmation. Il s'agit des communes, des conseils généraux et régionaux, de leurs établissements spécialisés (hôpitaux, collèges, lycées…) mais aussi des différentes structures étroitement liées à ces ensembles comme les sociétés d'économies mixtes (SEM) ou les associations subventionnées. Dans les développements qui suivent, dans un souci de simplification, seuls les cas des communes sera examiné, sachant que la procédure est identique dans les autres situations.

La procédure débute officiellement par une lettre d'ouverture du contrôle qui officialise la durée de la période dont la gestion va être examinée (environ cinq années).

B - L'instruction

L'ouverture du contrôle marque le point de départ des travaux d'instructions qui sont dirigés par un rapporteur. Ce dernier dispose de pouvoirs étendus qui le conduisent à effectuer des contrôles sur pièces et sur place, dans les locaux de la collectivité. Il est donc habilité à se faire communiquer tous documents, de quelque nature que ce soit, relatifs à la gestion des collectivités. L'irrespect de ce droit, donc le fait de faire obstacle de quelque façon que ce soit constitue un délit, puni de 15 000 € d'amende. Le cas échéant, c'est le ministère public près la chambre régionale des comptes qui peut saisir le parquet près la juridiction pénale territorialement compétente en vue de déclencher l'action publique.

L'instruction s'opère à charge et à décharge. Elle est de durée variable suivant les domaines contrôlés et la taille de la collectivité mais elle dépasse rarement huit mois. À l'issue, le rapporteur élabore un document dénommé « rapport d'instruction » qui synthétise l'ensemble des constats et propose d'adresser à la collectivité une liste d'observations accompagnée de recommandations.

En application des dispositions du code des juridictions financières (article R241-8), le rapporteur à l'obligation des présenter oralement à la collectivité une synthèse de ses principales remarques. Il le fait lors d'un « entretien préalable ». Le rapport d'instruction est ensuite déposé au greffe de la chambre régionale des comptes en vue de l'audiencement.

C - L'audiencement et le délibéré

L'audiencement est l'opération par laquelle le greffe définit une date de délibéré, réunion au cours de laquelle le rapport sera analysé par formation collégiale composé d'un nombre impair de magistrats. Chaque projet d'observation est défendu par l'auteur du rapport qui a été en charge de l'instruction. Il est ensuite discuté et sa proposition est mise aux voix. Elle est adoptée à la majorité des suffrages exprimés. Le délibéré est secret. On ne peut divulguer le contenu des propos échangés, en particulier lors des votes.

Chaque observation, retenue ou non, est référencée ; seules celles qui auront été retenues par la formation délibérante figureront dans un nouveau rapport appelé « rapport d'observations provisoires » (ROP).

D - Le rapport d'observations provisoires

Le rapport d'observations provisoires (document confidentiel) signé par le président de la CRC est adressé à l'exécutif de la collectivité. Celle-ci dispose d'un délai de deux mois pour présenter ses observations et, le cas échéant, produire tout justificatif qu'elle estime nécessaire à l'appui des corrections qu'elle souhaite voir apporter au rapport provisoire. Il arrive (rarement) que la collectivité ne réponde pas : dans ce cas, la chambre régionale des comptes pourra donc arrêter ses observations définitives (article R241-18).

Dans la plupart des cas, la collectivité répond aux observations provisoires. Par ailleurs, elle peut aussi solliciter une audition, les observations présentées à cette occasion venant compléter ou préciser celles fournies par écrit (article R241-28).

L'auteur du rapport doit ensuite synthétiser les remarques transmises. Pour chacune d'entre elle, il devra prendre position :

- soit de maintenir en l'état les observations initiales ;
- soit les corriger (il peut arriver d'avoir inséré des erreurs typographiques, par exemple) ;
- soit les compléter d'éléments instructifs transmis par la collectivité ;
- soit de les supprimer (cas où la collectivité a par exemple mis fin à une situation qui était critiquée).

La synthèse de ces éléments fait l'objet d'un nouveau rapport d'instruction en vue de l'adoption par la chambre régionale des observations définitives.

E - Le rapport d'observations définitives

Après un nouveau délibéré, les observations définitives sont arrêtées et consignées dans un « rapport d'observations définitives » (ROD) qui est transmis à la collectivité ; celle-ci dispose d'un délai d'un mois pour réagir à son contenu. Il arrive rarement qu'elle n'utilise pas cette faculté. Dans cette hypothèse, à l'issue du délai, un second envoi identique du ROD sera effectué. Si la collectivité décide de répondre, ses arguments ne feront pas l'objet de nouveau délibéré : elles seront uniquement jointes en fin de rapport. Ces éléments n'engageront que la seule collectivité, la CRC n'ayant pas été amenée à les valider.

F - La présentation en conseil municipal et la communicabilité

La dernière étape de la procédure consiste, pour le maire de la commune, à présenter le ROD lors d'une séance du conseil municipal. Le rapport d'observations définitives devient dès cet instant communicable aux tiers.

IV - SYNTHÈSE : LES CARACTÉRISTIQUES DE LA PROCÉDURE D'EXAMEN DE GESTION

Au cours de l'examen de gestion la procédure est écrite et inquisitoriale. Elle est contradictoire, c'est-à-dire que la collectivité a la faculté de prendre connaissance des arguments de fait, de droit et de preuve à partir desquels sa gestion sera examinée. La portée du principe de contradiction réside dans le pouvoir qu'elle détient de répondre aux observations provisoires. La procédure est enfin collégiale : toute décision est prise par au moins trois magistrats.

V - NOMBRE DE RAPPORTS D'OBSERVATIONS DÉFINITIVES RENDUS PAR LES CRC ENTRE 2007 ET 2010

Organismes contrôlés	2007	2008	2009	2010
Collectivités territoriales	298	274	278	359
Établissements publics spécialisés	318	318	306	275
Sociétés d'économie mixte (SEM)	43	34	28	35
Associations subventionnées	38	57	43	27

Fiche 38 Le contrôle des budgets locaux par la commune

La collectivité peut exercer certains contrôles de son fonctionnement courant et plus particulièrement en termes d'exécution de son budget, soit par la voix de l'assemblée délibérante (conseil municipal), soit par l'action de ses services.

I - LE CONTRÔLE EFFECTUÉ PAR LE CONSEIL MUNICIPAL

Conformément à l'article L2121-1 du code général des collectivités territoriales (CGCT), le conseil municipal d'une commune se compose du maire et d'un ou plusieurs adjoints. Il doit par ailleurs se réunir au moins une fois par trimestre. La convocation des membres est faite par le maire ; elle doit indiquer les questions portées à l'ordre du jour (article L2121-10).

Selon l'article L2121-12, dans les communes de plus de 3 500 habitants, une note explicative de synthèse sur les affaires soumises à délibération doit aussi être adressée avec la convocation. Ces éléments sont destinés à l'information des membres du conseil afin qu'ils puissent procéder à leur analyse. C'est d'ailleurs ce que confirme l'article L2121-13 : « *tout membre du conseil municipal a le droit, dans le cadre de sa fonction, d'être informé des affaires de la commune qui font l'objet d'une délibération* ».

Le rôle du conseil municipal est déterminant dans la vie de la commune : il s'agit de pouvoir y débattre des grandes orientations suivies, des décisions, notamment financières, ou d'autres aspects plus techniques (aménagement urbain, politique sociale, ordre public…). L'article L2121-19 qualifie d'ailleurs cette situation de « droit » : « *les conseillers municipaux ont le droit d'exposer en séance du conseil des questions orales ayant trait aux affaires de la commune* ». Dans les communes de plus 3 500 habitants, un règlement intérieur fixe la fréquence ainsi que les règles de présentation et d'examen de ces questions. À défaut de règlement intérieur, celles-ci sont fixées par une délibération du conseil municipal.

II - LE CONTRÔLE EFFECTUÉ PAR LES SERVICES COMMUNAUX

L'administration communale est constituée d'un ensemble de directions et services qui assistent le maire, chef du pouvoir exécutif local, dans l'exercice de ses missions. Sous l'autorité d'un directeur général, on y retrouve traditionnellement les services administratifs et les services techniques.

Dans certaines communes, un service est parfois chargé de « l'inspection générale » ou du « contrôle interne ». Suivant une conception qui s'est à l'origine davantage développée dans le secteur privé, l'émergence du contrôle interne est désormais une réalité au sein des administrations. On peut définir cette fonction comme un ensemble de dispositions mises en œuvre afin de garantir, notamment :

- la conformité du fonctionnement de la collectivité aux lois et règlements ;
- l'application des instructions édictées par la direction générale ;
- le bon fonctionnement des processus internes ;
- la fiabilité des informations financières.

Enfin, il est indispensable de rappeler que le contrôle de la collectivité concernant l'exécution de son budget repose sur un référentiel précis, ce *corpus* législatif et réglementaire devant être rigoureusement appliqué. Il s'agit notamment des dispositions relatives à la fiabilité des comptes de la comptabilité locale (plan de comptes de l'instruction comptable M14), des différentes étapes de la dépense publique (décret du 29 décembre 1962 portant règlement général sur la comptabilité publique) et des règles relatives aux modes de passation et d'exécution des achats (code des marchés publics).

Fiche 39

Le contrôle des budgets locaux par l'État

Il existe deux types de contrôles des budgets locaux par les services de l'État.

I - LE CONTRÔLE PAR LE COMPTABLE PUBLIC

A - Définition

La notion de comptable public est explicitée par l'article 11 du décret du 29 décembre 1962 portant règlement général sur la comptabilité publique. Selon ce texte, les comptables publics sont seuls chargés :

- de la prise en charge et du recouvrement des recettes et des créances ainsi que de l'encaissement des droits au comptant et des recettes de toute nature que les organismes publics sont habilités à recevoir ;
- du paiement des dépenses ;
- de la garde et de la conservation des fonds et valeurs appartenant ou confiés aux organismes publics ;
- du maniement des fonds et des mouvements de comptes de disponibilités ;
- de la conservation des pièces justificatives des opérations et des documents de comptabilité ;
- de la tenue de la comptabilité du poste comptable qu'ils dirigent.

B - Attributions

Le rôle du comptable est défini par les dispositions de l'article 60 de la loi du 23 février 1963 portant loi de finances pour 1963. Dans la mise en œuvre de ses fonctions, il engage sa responsabilité personnelle et pécuniaire : « *les comptables publics sont personnellement et pécuniairement responsables du recouvrement des recettes, du paiement des dépenses, de la garde et de la conservation des fonds et valeurs (…), du maniement des fonds et des mouvements de comptes de disponibilités, de la conservation des pièces justificatives des opérations et documents de comptabilité ainsi que de la tenue de la comptabilité du poste comptable qu'ils dirigent* ».

En ce qui concerne le recouvrement des recettes (ou créances), il doit s'assurer que la collectivité ou l'établissement public est autorisé à percevoir la recette et que les créances de la collectivité ou de l'établissement public ont été mises en recouvrement par l'ordonnateur. Dans le domaine des dépenses, il doit vérifier l'imputation budgétaire, l'existence d'un budget suffisant et la présence des pièces justificatives. Il ne peut cependant pas effectuer de contrôle d'opportunité (*ie* juger de la pertinence des choix politiques effectués par les collectivités). S'il décèle une anomalie, il doit refuser l'acte de paiement décidé par l'ordonnateur (rejet du mandat).

Dépenses et recettes sont intégralement retracées dans un document établi par le comptable public : le compte de gestion.

C - Responsabilité du comptable public

La responsabilité personnelle et pécuniaire du comptable se trouve engagée dès lors qu'un déficit ou un manquant en monnaie ou en valeurs a été constaté, qu'une recette n'a pas été recouvrée ou qu'une dépense a été irrégulièrement payée.

En matière de recouvrement des créances, la responsabilité du comptable sera mise en jeu en cas d'omission, de retard ou d'insuffisance de recherches et de poursuites. Et dans les faits, les difficultés connues en matière de recouvrement sont à l'origine de la plupart des débets prononcés à l'encontre des comptables par les juridictions financières.

Pour le paiement des dépenses, ils engagent leur responsabilité personnelle et pécuniaire notamment en cas de dépassement des budgets disponibles, en cas d'absence (ou d'insuffisance) de pièces justificatives ou à l'occasion d'erreurs d'imputation.

II - LE CONTRÔLE PAR LE PRÉFET : LE CONTRÔLE DE LÉGALITÉ

A - Le périmètre du contrôle de légalité

Les lois de décentralisation de 1982 ont conduit à la suppression de la tutelle administrative et financière *a priori* exercée par le préfet. Celle-ci a été remplacée par le contrôle de légalité qui est assuré par le préfet en application de l'article 72 de la Constitution : « *dans les collectivités territoriales de la République, le représentant de l'État, représentant de chacun des membres du Gouvernement, a la charge des intérêts nationaux, du contrôle administratif et du respect des lois* ».

Le contrôle de légalité s'effectue à partir des documents transmis par les collectivités dont la liste figure à l'article L2131-2 du CGCT. On trouve ainsi :

- la grande majorité des délibérations du conseil municipal ;

• une partie des décisions réglementaires et individuelles prises par le maire dans l'exercice de son pouvoir de police ;
• les actes à caractère réglementaire pris par les autorités communales dans tous les autres domaines qui relèvent de leur compétence en application de la loi ;
• les contrats d'emprunts et les marchés publics notifiés.

Le préfet n'a toutefois pas le pouvoir de prononcer l'annulation d'un acte. Il peut néanmoins saisir la chambre régionale des comptes (en vertu de ses prérogatives de contrôle budgétaire) ou le tribunal administratif (en vue d'une annulation d'un acte qu'il estime illégal).

B - L'évolution du périmètre du contrôle de légalité

Le contrôle exercé par le préfet s'est sensiblement modifié dans son contenu et dans sa forme au cours des dernières années.

Quant au contenu, l'ordonnance n° 2009-1401 du 17 novembre 2009 simplifie l'exercice du contrôle de légalité principalement dans le domaine de la fonction publique territoriale. Cette ordonnance s'inscrit dans le cadre général de la loi du 12 mai 2009 de simplification et de clarification du droit et d'allègement des procédures. À compter du 1er janvier 2010, les actes suivants ont donc cessé d'être obligatoirement transmis au représentant de l'État :
• les délibérations relatives aux *ratios* d'avancement de grade ;
• les décisions individuelles relatives à l'avancement de grade, à la révocation et à la mise à la retraite d'office des fonctionnaires.

Quant au formalisme, il a considérablement évolué du fait de la dématérialisation des procédures. Le programme ACTES (aide au contrôle de légalité dématérialisé) déployé au sein des préfectures depuis 2006 permet aux collectivités de transmettre, par voie électronique, les actes soumis au contrôle de légalité. Ces mesures sont des gages de fiabilité (puisque les collectivités reçoivent en temps réel un accusé de réception électronique), d'efficacité (en ce qui concerne le classement et l'archivage des documents) et d'économie (nette réduction des coûts d'impression et d'envoi des actes en plusieurs exemplaires en préfecture).

PARTIE III

LES FINANCES SOCIALES

TITRE I

LES LOIS DE FINANCEMENT DE LA SÉCURITÉ SOCIALE

Chapitre 1 - Le cadre juridique

Chapitre 2 - La portée pratique

Fiche 40

La loi organique relative aux lois de financement de la Sécurité sociale

I - RAPPEL HISTORIQUE

Les lois de financement de la Sécurité sociale (LFSS) ont été créées par la loi constitutionnelle du 22 février 1996 qui a complété l'article 34 de la Constitution : « *les lois de financement de la Sécurité sociale déterminent les conditions générales de son équilibre financier et, compte tenu de leurs prévisions de recettes, fixent ses objectifs de dépenses, dans les conditions et sous les réserves prévues par une loi organique* ».

Depuis cette date, le Parlement examine et vote tous les ans une loi de financement de la Sécurité sociale. Toutefois, en dépit de ces changements significatifs apportés à l'ordonnancement juridique, ces lois se sont avérées en pratique d'une portée limitée : elles ne contenaient en effet aucun objectif d'efficacité ou d'efficience et les montants votés n'avaient pas valeur contraignante ; ils pouvaient donc être significativement dépassés en cours d'exécution.

C'est dans ce contexte qu'est née la loi organique relative aux lois de financement de la Sécurité sociale (LOLFSS) le 2 août 2005.

II - OBJECTIFS DE LA LOLFSS

La loi organique relative aux lois de financement de la Sécurité sociale a pour objectif de moderniser le pilotage financier de la Sécurité sociale ; elle s'intègre dans le prolongement de la réforme budgétaire à la suite de l'adoption de loi organique relative aux lois de finances (LOLF). L'entrée en vigueur de la LOLFSS répond à trois exigences.

A - Développer une approche pluriannuelle

La LOLFSS replace la gestion des finances sociales dans une perspective pluriannuelle à travers la mise en place de projections quadriennales dans les lois de financement. Ces éléments chiffrés figurent en annexe des LFSS.

B - Renforcer le rôle du Parlement

Le Parlement est désormais étroitement associé à l'examen puis au vote des LFSS. Après son examen en Conseil des ministres, le projet de LFSS de l'année N est déposé à l'Assemblée nationale au plus tard le 15 octobre de l'année N-1. L'Assemblée doit se prononcer en première lecture dans le délai de vingt jours après le dépôt du projet ; le Sénat dispose d'un délai de quinze jours après avoir été saisi.

Le Parlement dispose globalement de 50 jours pour voter le texte de manière définitive (ce délai prend en compte le cas échéant le passage en commission mixte paritaire). S'il ne s'est pas prononcé dans ce délai, les dispositions du projet peuvent être mises en œuvre par ordonnance (article 47-1 de la Constitution).

C - Généraliser la démarche de performance et d'efficacité

La démarche de performance initiée par la LOLF s'est transposée dans le domaine des finances sociales sous la forme de programmes de qualité et d'efficience (PQE) relatifs aux dépenses et aux recettes de chacune des branches. Fixés pour plusieurs exercices, ces PQE sont la transposition des projets annuels de performance (PAP) au domaine social. On y retrouve donc les mêmes éléments : des objectifs de performance, des indicateurs et des valeurs-cibles.

Fiche 41

Le contenu des lois de financement de la Sécurité sociale

I - DÉFINITION

Les lois de financement de la Sécurité sociale fixent les soldes des régimes obligatoires de base ainsi que ceux des organismes concourant à leur financement (fonds de solidarité vieillesse). Les règles spécifiques qui leur sont applicables résultent des lois organiques du 22 juillet 1996 et du 2 août 2005. Ces dispositions sont aujourd'hui reprises par le code de la Sécurité sociale.

Les lois de financement de la Sécurité sociale doivent comporter des tableaux d'équilibre présentant, pour chaque branche et par exercice considéré, la situation financière du régime général et de tous les régimes obligatoires.

En application de l'article LO111-3 du code de la Sécurité sociale, les LFSS doivent déterminer pour l'année à venir et de manière sincère les conditions générales de l'équilibre financier de la Sécurité sociale compte tenu des conditions économiques générales et de leur évolution prévisible.

Selon le même article, les lois de financement de la Sécurité sociale pour l'année N+1 comprennent quatre parties (ces éléments seront davantage détaillés ci-après) :

- une partie comprenant les dispositions relatives au dernier exercice clos (N-1) ;
- une partie comprenant les dispositions relatives à l'année en cours (N) afin que le Parlement puisse se prononcer sur d'éventuelles mesures d'ajustement en cours d'exercice ;
- une partie comprenant les dispositions relatives aux recettes et à l'équilibre général pour l'année à venir (N+1) qui fixe les plafonds d'avances de trésorerie auxquelles peuvent recourir les régimes ;
- une partie comprenant les dispositions relatives aux dépenses des différentes branches pour l'année à venir (n+1).

II - LES DOCUMENTS ANNEXÉS AUX LFSS

L'article LO111-4 du code de la Sécurité sociale prévoit un certain nombre d'annexes devant être joints au PLFSS. Parmi une liste très détaillée, trois éléments doivent retenir l'attention :

- un document annexe présentant pour les années à venir les programmes de qualité et d'efficience (PQE) relatifs aux dépenses et aux recettes de chaque branche de la Sécurité sociale (« maladie », « vieillesse », « famille », « accidents du travail et maladies professionnelles ») ;
- un document annexe présentant pour les années à venir les objectifs pluriannuels de gestion et les moyens de fonctionnement dont les organismes des régimes obligatoires de base disposent pour les atteindre ;
- un document annexe précisant le périmètre de l'objectif national de dépenses d'assurance maladie (ONDAM) et analysant l'évolution des soins financés au titre de cet objectif au regard des besoins de santé publique.

III - LA STRUCTURE DE LA LFSS

Comme énoncé précédemment, les LFSS se composent de quatre parties.

A - Première partie

La première partie est relative au dernier exercice clos et constitue une loi de règlement (année N-1). Le premier article devant être adopté par le Parlement concerne l'approbation des tableaux d'équilibre relatifs à l'exercice écoulé et présentés par branche. Cette disposition doit obligatoirement figurer dans la loi de financement de la Sécurité sociale, conformément aux dispositions de la loi organique du 2 août 2005. Ainsi, en novembre 2010 lors des travaux portant sur la LFSS pour 2011, il est apparu un déficit global de 21,7 Md€ pour l'année 2009 au lieu de 9,7 Md€ en 2008 (soit plus qu'un doublement du déficit en un an).

Branches - LFSS pour 2009	**Recettes (Md€)**	**Dépenses (Md€)**	**Solde (Md€)**
Maladie	163,2	173,6	-10,4
Vieillesse	179,4	188,4	-9
Famille	56,6	58,4	-1,8
Accidents du travail et maladies professionnelles	11,8	12,5	-0,7
Total	**405,6**	**427,3**	**-21,7**

B - Deuxième partie

La deuxième partie est consacrée aux dispositions relatives à l'année en cours (année N), ce qui permet au Gouvernement de proposer au Parlement d'adopter éventuellement des ajustements. Cette étape est divisée en deux sous-parties : l'une pour les recettes et l'équilibre général, l'autre pour les dépenses. L'ONDAM peut également faire l'objet de modifications.

C - Troisième partie

La troisième partie établit, pour l'année N+1, les prévisions de recettes et l'équilibre général des régimes obligatoires de la Sécurité sociale et des organismes concourant au financement de ces régimes. La LFSS fixe par ailleurs les plafonds d'avances de trésorerie auxquelles peuvent recourir les régimes.

D - Quatrième partie

La quatrième partie fixe les objectifs de dépenses des différentes branches de la Sécurité sociale. C'est à ce stade que figurent également les plafonds de l'ONDAM pour l'année suivante (déclinés par sous-objectifs). On y trouve aussi des données financières sous forme de projections sur 4 ans calculées à partir des principales tendances économiques sur lesquelles se sont fondés les travaux préparatoires à l'adoption du texte.

Dans la LFSS pour 2011, on trouve ainsi les éléments suivants :

	2010	**2011**	**2012**	**2013**	**2014**
Produit intérieur brut en volume (%)	1,5	2	2,5	2,5	2,5
Masse salariale privée (%)	2	2,9	4,5	4,5	4,5
Inflation (%)	1,5	1,5	1,75	1,75	1,75
ONDAM (Md€)	162,4	167,1	171,8	176,6	181,6

La ligne « produit intérieur brut en volume » indique que les hypothèses macro-économiques ont prévu une reprise progressive de la croissance à partir de 2010.

La ligne « masse salariale privée » constitue la principale source de recettes de la Sécurité sociale. Elle dépend du nombre d'emplois, mais aussi du niveau des salaires et primes. Son évolution significative à partir de 2011 préfigure la création de nouveaux emplois associée à une augmentation des salaires dans certains secteurs.

La ligne « inflation » est stable sur la période. Elle n'intègre pas cependant pas l'éventuelle inflation importée qui est liée à des hausses de prix affectant des produits en provenance de l'extérieur (pétrole par exemple). Celle-ci, difficilement prévisible, devra donc être soigneusement surveillée.

TITRE II

LA MISE EN ŒUVRE DES LOIS DE FINANCEMENT DE LA SÉCURITÉ SOCIALE

Chapitre 1 - La procédure d'élaboration

Chapitre 2 - Le contenu des lois de financement de la Sécurité sociale

Fiche 42 L'adoption des lois de financement de la Sécurité sociale

Comme en matière de lois de finances, le Gouvernement dispose du monopole de la présentation des lois de financement qui ne peuvent donc résulter que de l'adoption d'un projet de loi. L'article 47-1 de la Constitution fixe les grands traits de la procédure applicable à l'examen des projets de loi de financement de la Sécurité sociale par le Parlement.

I - LE DÉPÔT DU PROJET DE LOI

En application de l'article 39 de la Constitution, les projets de loi de financement de la Sécurité sociale (comme les projets de loi de finances) sont soumis en premier lieu à l'Assemblée nationale. Le projet de loi de financement de l'année suivante doit être déposé sur son bureau au plus tard le 15 octobre. Si l'Assemblée nationale ne s'est pas prononcée en première lecture dans un délai de vingt jours après le dépôt du projet, le Gouvernement peut saisir le Sénat. Ce dernier doit statuer dans un délai de quinze jours. Si le Parlement ne s'est pas prononcé dans un délai global de cinquante jours, les dispositions du projet peuvent être mises en vigueur par ordonnance.

II - DE L'EXAMEN EN COMMISSION À LA PROMULGATION

Les dispositions de la loi organique du 2 août 2005 ne prévoient pas de renvoi systématique du PLFSS devant les commissions parlementaires compétentes en matière sociale. Cependant, plusieurs d'entre elles de l'Assemblée nationale ou du Sénat exercent un contrôle approfondi du texte. Conformément aux dispositions de l'article LO111-8 du code de la Sécurité sociale, les commissions de l'Assemblée nationale et du Sénat saisies du projet adressent au Gouvernement avant le 10 juillet de chaque année des questions relatives à l'application des LFSS. Celui-ci doit y répondre par écrit au plus tard le 8 octobre.

Après avoir entendu les ministres, les commissions compétentes procèdent à l'examen du PLFSS : à l'issue d'une discussion générale (l'exposé des motifs), les articles (éventuellement assortis d'amendements) sont examinés un par un.

Chaque commission conclut ses travaux par un vote global sur l'ensemble du texte.

Une fois inscrit à l'ordre du jour, le projet est débattu en séance publique. L'article LO111-7 en fixe les règles. Ainsi la quatrième partie du projet de loi de financement (dépenses pour l'année à venir) ne peut être mise en discussion avant l'adoption de la troisième partie (recettes et équilibre général). Le vote adoptant le PLFSS a ensuite lieu. La loi votée doit être ensuite promulguée.

III - LA SAISINE DU CONSEIL CONSTITUTIONNEL

À l'image des « cavaliers budgétaires », les « cavaliers sociaux » (dispositions d'une LFSS étrangères au domaine des finances sociales) sont censurés par la Conseil constitutionnel s'ils n'ont pas été rejetés pour irrecevabilité par le président de la commission des finances s'agissant des amendements d'origine parlementaire. Relèvent par exemple de la qualification de « cavalier social » ayant été sanctionnée :

- un article du PLFSS pour 2006 imposant le dépôt d'un rapport sur l'influence des laits maternels de substitution dans le développement de l'obésité infantile ;
- un article du même PLFSS relatif à la lutte contre le travail illégal.

Fiche 43

L'objectif national des dépenses d'assurance maladie

I - DÉFINITION

Institué en 1997, l'objectif national des dépenses d'assurance maladie (ONDAM) a pour objet de réguler ces dépenses. Prévu par l'article LO111-3 du code de la Sécurité sociale, il doit figurer dans la partie comprenant les dispositions relatives aux dépenses pour l'année à venir de la LFSS.

L'ONDAM repose sur trois phases : une phase de programmation des dépenses de santé pour l'exercice suivant, une phase de suivi de ces dernières en cours d'exercice et une phase d'analyse des résultats obtenus une fois l'exercice clos.

Sur chaque exercice, l'ONDAM correspond à un montant limitatif de dépenses. Il est structuré en trois catégories de dépenses :

- les dépenses de soins de ville (médecine libérale...) ;
- les dépenses des établissements de santé publics et privés (hôpitaux...) ;
- les dépenses des établissements médico-sociaux abritant les personnes âgées et les handicapées (maisons de retraites...).

II - LES SOUS-OBJECTIFS DE L'ONDAM

La loi organique du 2 août 2005 (reprise par l'article LO111-3 du code de la Sécurité sociale) a prévu que la LFSS devait non seulement définir précisément l'ONDAM mais aussi fixer des sous-objectifs : « *la définition des composantes des sous-objectifs est d'initiative gouvernementale. Les commissions parlementaires saisies au fond des projets de loi de financement de la Sécurité sociale sont consultées sur la liste des sous-objectifs et la définition des composantes de ces sous-objectifs. Le nombre de sous-objectifs ne peut être inférieur à cinq* ».

En pratique, certaines catégories de dépenses qui structurent l'ONDAM ont donc été divisées en sous-catégories (sous-objectifs). Elles sont au nombre de 6 :

- les dépenses de soins de ville restent unifiées (premier sous-objectif).
- les dépenses des établissements de santé publics et privés (hôpitaux...) se répartissent entre :

– les dépenses consacrées aux établissements de santé tarifés à l'activité (deuxième sous-objectif) ;
– les autres dépenses relatives aux établissements de santé : soins de suite, de réadaptation et de psychiatrie (troisième sous-objectif) ;

• les dépenses des établissements médico-sociaux abritant les personnes âgées et les handicapées sont scindées en trois sous-objectifs :
– les dépenses des établissements et services pour personnes âgées (quatrième sous-objectif) ;
– les dépenses des établissements et services pour personnes handicapées (cinquième sous-objectif) ;
– les dépenses en faveur d'autres prises en charge : réseaux de soins pour les ressortissants français à l'étranger, lutte contre les addictions (sixième sous-objectif).

III - L'ONDAM EN CHIFFRES (LFSS POUR 2010 ET 2011)

Sous-objectifs de l'ONDAM	Réalisations LFSS 2010 (Md€)	Prévisions LFSS 2011 (Md€)	Variation 2011/2010
1- Dépenses de soins de ville	75,2	77,3	+ 2,79 %
2 - Dépenses relatives aux établissements de santé tarifés à l'activité	52,4	53,9	+ 2,86 %
3 - Autres dépenses relatives aux établissements de santé	18,5	19	+ 2,70 %
4 - Dépenses des établissements et services pour personnes âgées	7,3	7,6	+ 4,11 %
5 - Dépenses des établissements et services pour personnes handicapées	8	8,2	+ 2,50 %
6 - Dépenses en faveur d'autres prises en charge	1	1,1	+ 10,00 %
Total	**162,4**	**167,1**	**+ 2,89 %**

Fiche 44

Les branches du régime général de Sécurité sociale

I - PRÉSENTATION DES BRANCHES

A - Éléments historiques

C'est l'ordonnance du 21 août 1967 (dite « *ordonnance Jeanneney* ») relative à l'organisation administrative et financière de la Sécurité sociale qui les institue. Le texte assure la séparation financière des risques dans trois « branches » distinctes (santé, vieillesse, famille).

Au plan institutionnel, cette séparation financière est consacrée par la création de trois caisses nationales : la caisse nationale d'assurance maladie des travailleurs salariés (CNAM), la caisse nationale d'assurance vieillesse des travailleurs salariés (CNAV) et la caisse nationale des allocations familiales (CNAF).

B - Le système actuel

Comme l'indique l'article L200-2 du code de la Sécurité sociale, le régime général comprend quatre branches :

- première branche : « maladie, maternité, invalidité et décès » ;
- deuxième branche : « accidents du travail et maladies professionnelles » ;
- troisième branche : « vieillesse et veuvage » ;
- quatrième branche : « famille ».

L'équilibre financier de chaque branche est assuré par une caisse en charge de sa gestion. Les branches « maladie, maternité, invalidité et décès » et « accidents du travail et maladies professionnelles » sont gérées par la caisse nationale de l'assurance maladie des travailleurs salariés (CNAM). La branche « vieillesse et veuvage » est prise en charge par caisse nationale d'assurance vieillesse des travailleurs salariés (CNAV). La branche « famille » relève de la caisse nationale des allocations familiales (CNAF).

On trouve également une cinquième branche « recouvrement » responsable de la collecte des cotisations et contributions sociales assurant le financement et la gestion du régime général. Cette mission est confiée à l'Agence centrale des organismes de Sécurité sociale

(ACOSS) qui s'appuie sur environ 90 organismes regroupés en réseau : l'Union pour le recouvrement des cotisations de la Sécurité sociale et des allocations familiales (URSSAF). D'après la commission des comptes de la Sécurité sociale, en 2009 l'ACOSS a géré 7,8 millions de comptes cotisants et a procédé au recouvrement de 359,8 Md€ de recettes.

II - LES DONNÉES CHIFFRÉES PAR BRANCHE

Le projet de loi de financement de la Sécurité sociale pour 2011 a été définitivement adopté par l'Assemblée nationale le 24 novembre 2010 et par le Sénat le lendemain.

Les objectifs de recettes et de dépenses par branche de la LFSS pour 2011 s'établissent comme suit :

Branches - LFSS 2011	Recettes (Md€)	**Dépenses (Md€)**	**Solde (Md€)**
Maladie	147,8	159,3	-11,5
Vieillesse	100	106,8	-6,8
Famille	52,6	55,3	-2,7
Accidents du travail et maladies professionnelles	11,7	11,6	0,1
Total	306,7	327,6	-20,9

III - PRÉSENTATION DES SOLDES BUDGÉTAIRES DES BRANCHES DU RÉGIME GÉNÉRAL

Lors du vote projet de loi, les états annexés à la LFSS pour 2011 indiquaient pour chaque branche du régime général et toutes branches confondues les données suivantes :

- les réalisations arrêtées comptablement de l'exercice précédent (2009) ;
- les données de l'exercice en cours (2010) ;
- les projections sur quatre années (2011 à 2014).

A - Tableau chiffré par branches et toutes branches confondues

Md€	2009	2010	2011	2012	2013	2014
Maladie						
Recettes	139,7	142,5	147,8	154,1	160,2	167
Dépenses	150,3	154,6	159,3	164	169,2	174,6
Solde	-10,6	-12,1	-11,5	-9,9	-9	-7,6
Accidents du travail						
Recettes	10,4	10,7	11,7	12,2	12,6	13,2
Dépenses	11,1	11,3	11,6	11,9	12,1	12,4
Solde	-0,7	-0,6	0,1	0,3	0,5	0,8
Famille						
Recettes	56,1	50,4	52,6	54,3	56	57,9
Dépenses	57,9	53,3	55,3	56,9	58,6	60,3
Solde	-1,8	-2,9	-2,7	-2,6	-2,6	-2,4
Vieillesse						
Recettes	91,5	93,3	100	103,6	107,7	112,2
Dépenses	98,7	102,4	106,8	110,7	115,3	119,4
Solde	-7,2	-9,1	-6,8	-7,1	-7,6	-7,2
Toutes branches						
Total des recettes	297,7	296,9	312,1	324,2	336,5	350,3
Total des dépenses	318	321,6	333	343,5	355,2	366,7
Solde général	**-20,3**	**-24,7**	**-20,9**	**-19,3**	**-18,7**	**-16,4**

B - Évolution graphique des soldes par branches et toutes branches confondues

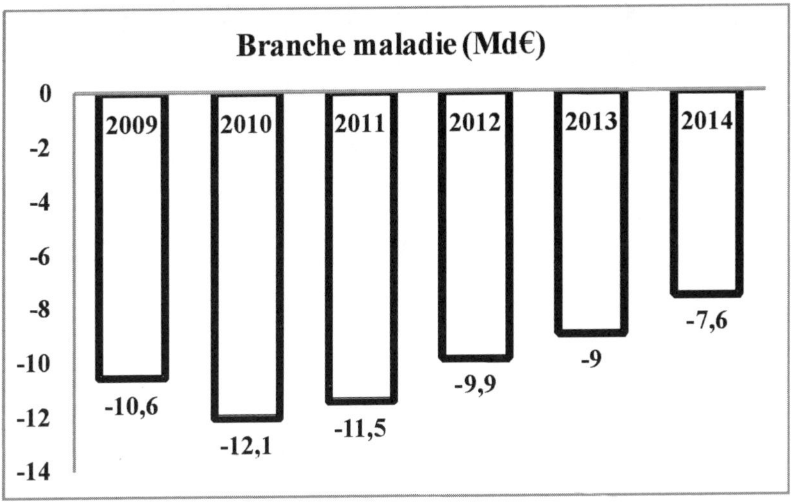

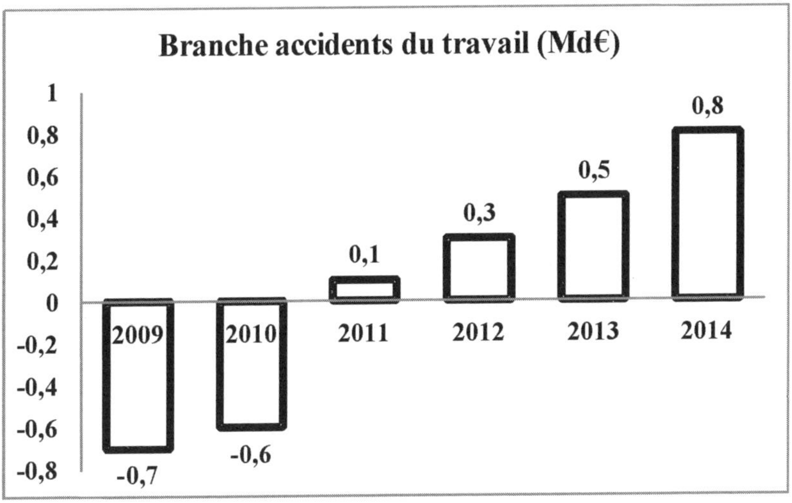

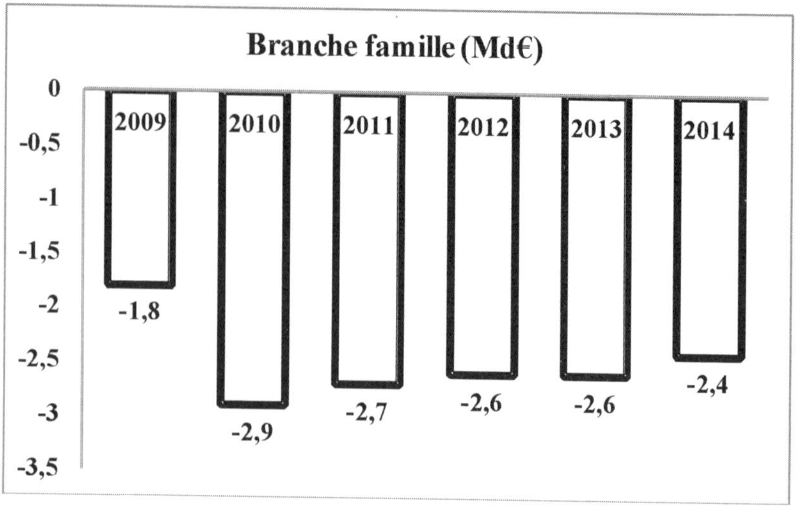
Branche famille (Md€)
0
-0,5
-1
-1,5
-2
-2,5
-3
-3,5
2009
2010
2011
2012
2013
2014
-1,8
-2,9
-2,7
-2,6
-2,6
-2,4

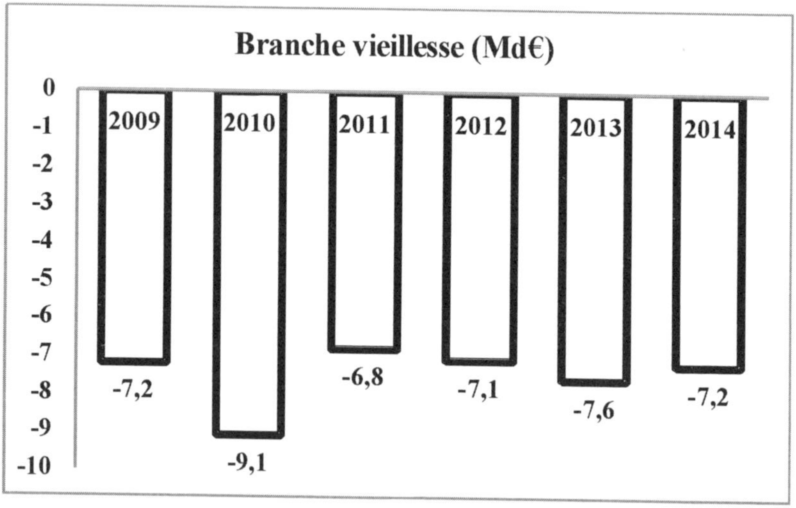
Branche vieillesse (Md€)
0
-1
-2
-3
-4
-5
-6
-7
-8
-9
-10
2009
2010
2011
2012
2013
2014
-7,2
-9,1
-6,8
-7,1
-7,6
-7,2

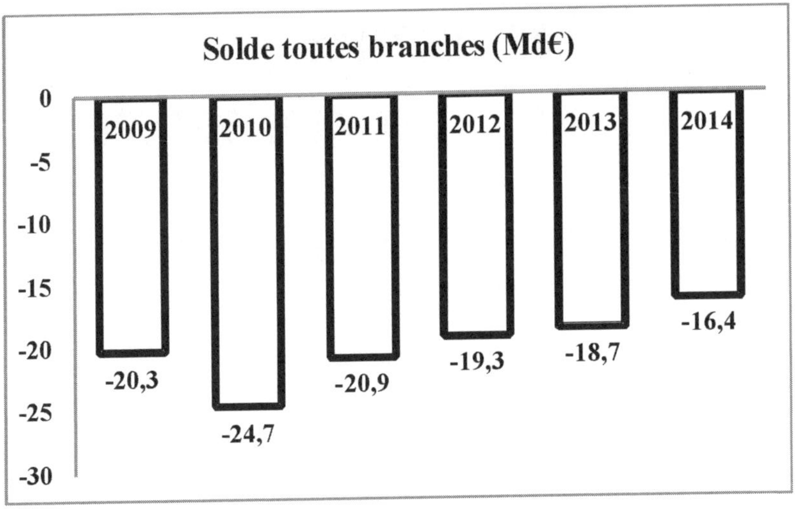

IV - VERS UNE CINQUIÈME BRANCHE ?

Un cinquième risque (cinquième branche) est en cours de création. Il devrait voir le jour avant la fin de l'année 2011 et viendrait couvrir un nouveau champ de protection sociale : celui de la dépendance et de la perte d'autonomie.

Les enjeux de cette évolution sont très importants car d'après les projections démographiques les personnes âgées de plus de 85 ans, qui sont aujourd'hui 1,3 million, seront deux millions en 2015. L'objectif de la réforme serait donc de fournir à toute personne frappée de déficience (physique, sensorielle, mentale ou psychique) une aide financière ou matérielle (en nature) : la compensation personnalisée pour l'autonomie. Celle-ci pourrait même devenir un « droit universel », c'est-à-dire bénéficiant à tous et basée sur l'état de santé de chaque individu en prenant en compte sa situation personnelle (familiale, matérielle, niveau de revenus…).

Si environ 20 Md€ sont consacrés chaque année à la dépendance, la somme demeure insuffisante. Ce sont en réalité 30 Md€ qui devraient être aujourd'hui dépensés au regard des besoins. Or la question essentielle de leur financement n'est pas encore définitivement arrêtée. Deux solutions, d'ailleurs non exclusives l'une de l'autre, ont été évoquées :

- la prise en charge par les organismes de prévoyance individuelle et collective (assurances, mutuelles…) ;
- une participation prélevée sur le patrimoine des personnes âges après leur décès.

Fiche 45 Les recettes de la Sécurité sociale

I - LES PRINCIPAUX FINANCEURS DE LA SÉCURITÉ SOCIALE

En 2009, les recettes de la Sécurité sociale étaient ventilées entre trois grandes catégories de financeurs (source : commission des comptes de la Sécurité sociale) :

- les ménages (contribution sociale généralisée - CSG - et contribution au remboursement de la dette sociale - CRDS) : 45 % des recettes ;
- les entreprises (cotisations patronales) : 43% ;
- les administrations publiques (cotisations patronales et contributions du budget général de l'État) : 12 %.

II - LA STRUCTURE DES RECETTES

En 2009, les recettes de la Sécurité sociale étaient ventilées entre quatre grandes catégories :

- les cotisations : 57 % ;
- la CSG : 22% ;
- les impôts et taxes (sur les tabacs, les médicaments…) : 11 % ;
- autres produits (recours contre les tiers) : 10 %.

Cette répartition globale varie sensiblement en fonction des branches concernées. En ce qui concerne la CSG par exemple, celle-ci contribue pour 36 % aux ressources de la branche « maladie » et à concurrence de 21 % pour la branche « famille ». Elle ne participe pas aux recettes des deux autres branches.

III - LES NOUVELLES SOURCES DE FINANCEMENT DANS LA LFSS POUR 2011

Elles sont de trois types : l'adaptation des niches fiscales et sociales, la création de nouvelles ressources et la diminution de certaines dépenses.

A - Les niches fiscales et sociales

Malgré 8 Md€ de recettes nouvelles, le déficit du régime général de Sécurité sociale apparaissant dans la LFSS pour 2011 est évalué à de 20,9 Md€. Ces recettes complémentaires proviennent du transfert au budget de la Sécurité sociale d'une grande partie des économies réalisées au titre de la suppression des niches fiscales et sociales (environ 7 Md€ sur 10 Md€). À titre d'exemple, les structures d'hébergement collectif de personnes âgées (ou handicapées) seront désormais exclues du dispositif d'exonération sociale applicable aux services rendus à la personne à domicile.

B - La majoration des ressources

Par ailleurs, depuis le 1er janvier 2011, certaines augmentations contribuent à accroître les ressources :

- le forfait social (contribution à la charge de l'employeur prélevée sur l'épargne salariale) passe de 4 % à 6 % ;
- le taux de la cotisation patronale « accident du travail » augmente de 0,1 % ;
- la taxation des *stock-options* est revue à la hausse : la contribution salariale est fixée à 8 % (au lieu de 2,5 % auparavant) ; la contribution patronale sera de 14 % (au lieu de 10 %).

C - La diminution des dépenses

La plupart des diminutions de dépenses décidées touche l'assurance maladie :

- un moindre remboursement des « vignettes bleues » des médicaments (30 % à partir de 2011, au lieu de 35 % auparavant) ;
- des conditions plus strictes de prise en charge des affections de longue durée (ALD) ;
- la modification du seuil du ticket modérateur ticket modérateur avec une somme plus importante restant à la charge des patients lors des consultations.

Fiche 46 Les dépenses de la Sécurité sociale

I - LES POSTES DE DÉPENSES PAR BRANCHES DE LA SÉCURITÉ SOCIALE

Les dépenses du régime général étaient, en 2009, réparties de la façon suivante entre les quatre branches :

- branche « maladie, maternité, invalidité et décès » : 47 % ;
- branche « accidents du travail et maladies professionnelles » : 4 % ;
- branche « vieillesse et veuvage » : 31 % ;
- branche « famille » : 18 %.

II - LES DÉPENSES D'ASSURANCE MALADIE

A - L'ONDAM en 2009

La progression annuelle des dépenses d'assurance maladie (ONDAM) est en progression par rapport à 2008, même si son augmentation reste inférieure à celles constatées au début des années 2000.

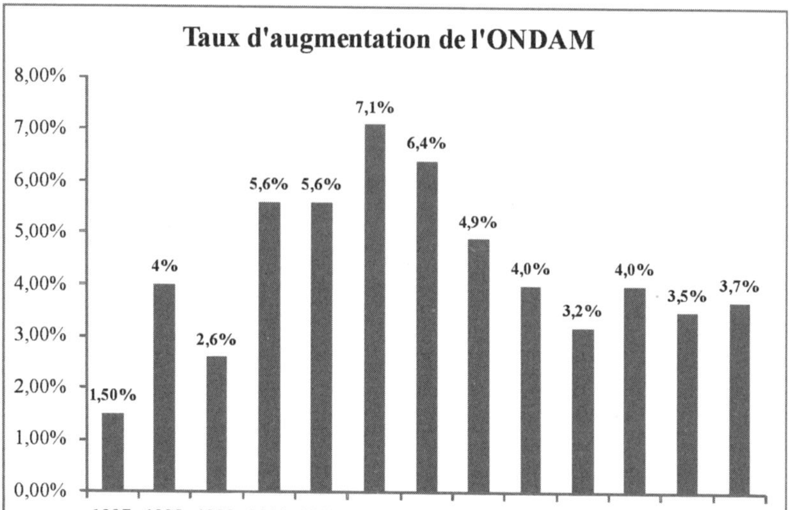

B - Nature des dépenses de l'ONDAM

Les dépenses de santé financées par l'assurance maladie se répartissent en 2009 dans les trois catégories prévues par l'ONDAM :

- dépenses de soins de ville (médecine libérale…) : 46 % ;
- dépenses des établissements de santé publics et privés (hôpitaux…) : 45 % ;
- dépenses des établissements médico-sociaux abritant les personnes âgées et les handicapées (maisons de retraite…) : 9 %.

III - QUELQUES CHIFFRES

Quelques éléments chiffrés par branche permettront de prendre la mesure des montants des dépenses effectuées par la Sécurité sociale (source : commission des comptes de la Sécurité sociale).

A - La branche « maladie, maternité, invalidité et décès »

C'est la CNAM qui assure la gestion de cette branche. En 2009, le régime général comptait près de 57 millions de bénéficiaires. 89 % de la population était assurée par la CNAM ; celle-ci a financé environ 85 % de l'ensemble des dépenses d'assurance maladie. Elle a versé 138,4 Md€ de prestations en 2009. La part des dépenses de santé a représenté environ 11 % du PIB.

B - La branche « accidents du travail et maladies professionnelles »

La CNAM gère également au plan national les accidents du travail et les maladies professionnelles du régime général de la Sécurité sociale. En 2009, ce périmètre a couvert plus de deux millions d'établissements employant plus de 18 millions de salariés (un peu moins de 70 % de la population active). 650 000 accidents du travail et 40 000 maladies professionnelles ont donné lieu à un arrêt de travail. La CNAM a versé à ce titre 7,7 Md€ de prestations en 2009.

C - La branche « vieillesse et veuvage »

Cette branche est du ressort de la CNAV qui a suivi 12,4 millions de retraités du régime général sur l'ensemble de la France. Elle a procédé au versement de 91,4 Md€ en 2009. La part des dépenses de retraite a représenté environ 12,5 % du PIB.

D - La branche « famille »

La CNAF a été en charge de 11,2 millions d'allocataires en 2009. 44,5 Md€ de prestations ont été versées par la CNAF.

TITRE III

LE CONTRÔLE ET LA MISE EN PERSPECTIVE DES FINANCES SOCIALES

Chapitre 1 - Les organismes de contrôle des finances sociales

Chapitre 2 - Les nouveaux défis des finances sociales

Fiche 47 La mission d'évaluation et de contrôle des lois de financement de la Sécurité sociale

I - LA CRÉATION DE LA MISSION D'ÉVALUATION ET DE CONTRÔLE DES LOIS DE FINANCEMENT DE LA SÉCURITÉ SOCIALE (MECSS)

La MECSS a été instituée par les dispositions de la loi du 13 août 2004 « *relative à l'assurance maladie* » dont l'article 38 prévoit qu'il « *peut être créé, au sein de la commission de chaque assemblée saisie au fond des projets de loi de financement de la Sécurité sociale, une mission d'évaluation et de contrôle chargée de l'évaluation permanente de ces lois* ».

La MECSS doit garantir un suivi beaucoup plus rigoureux de l'exécution des LFSS, à l'image de ce que l'on retrouve pour le budget de l'État avec la mission d'évaluation et de contrôle (MEC). Il s'agit aussi de replacer le domaine des finances sociales dans une logique d'évaluation, démarche qui n'était plus appliquée depuis fort longtemps. C'est d'ailleurs ce qu'a décidé la LOLFSS du 2 août 2005 qui a maintenu cette disposition qui figure à l'article LO111-10 du code de la Sécurité sociale.

II - LES POUVOIRS DE LA MECSS

Créée en 2006, la MECSS est investie de prérogatives importantes : elle a d'abord un pouvoir d'audition de toute personne jugée utile. Celle-ci ne peut d'ailleurs pas s'y soustraire. La MECSS peut également conduire toute investigation sur pièces et sur place auprès de toutes les administrations. Elle bénéficie aussi d'un droit de communication par lequel elle peut obtenir tout renseignement ou document nécessaire à l'information de ses membres. Enfin, conformément à l'article LO111-9-3 du code de la Sécurité sociale, lorsqu'elle notifie des observations au Gouvernement ou à un organisme de Sécurité sociale, ceux-ci disposent d'un délai de deux mois pour y répondre.

III - LE PROLONGEMENT DE L'ACTION DE LA MECSS

Depuis sa création, la MECSS a eu l'occasion d'étudier de nombreux thèmes et de se prononcer sur chacun d'eux. D'une manière non exhaustive et pour ne citer que les principaux rapports, on peut ainsi relever depuis 2006 :

- en 2006 : « *La dette sociale : mieux la connaître pour mieux l'affronter* » ;
- en 2007 : « *Réformer la protection sociale : les leçons du modèle suédois* » ;
- en 2008 : « *Pour une gestion responsable de l'hôpital* » et « *Finances sociales : quel chemin vers l'équilibre ?* » ;
- en 2009 : « *Prélèvements sociaux : les limites de l'attentisme* » ;
- en 2010 : une importante contribution relative à la réforme des retraites (« *Retraites 2010 : régler l'urgence, refonder l'avenir* ») et une étude de droit comparé (« *Les retraites en Allemagne : des enseignements à tirer ?* »).

Fiche 48 La Cour des comptes et les finances sociales

I - LE RÔLE DE LA COUR DES COMPTES

En application de l'article 47-2 de la Constitution, « *la Cour des comptes assiste le Parlement dans le contrôle de l'action du Gouvernement. Elle assiste le Parlement et le Gouvernement dans le contrôle de l'exécution des lois de finances et de l'application des lois de financement de la Sécurité sociale ainsi que dans l'évaluation des politiques publiques* ». Quant au code des juridictions financières, son article L111-5 énonce que « *la Cour des comptes contrôle les institutions de la Sécurité sociale* ».

La définition précise du rôle dévolu à la Cour est explicitée à l'article LO111-3-VIII du code de la Sécurité sociale. Dans le cadre de cette mission d'assistance, la Cour des comptes doit établir plusieurs documents :

- un rapport sur l'application des lois de financement de la Sécurité sociale ;
- un avis sur la cohérence des tableaux d'équilibre par branche du dernier exercice clôturé ;
- un rapport de certification de la régularité, de la sincérité et de la fidélité des comptes des organismes nationaux du régime général (ce rapport doit présenter le compte rendu des vérifications opérées aux fins de certification).

II - LES REMARQUES DE LA COUR DES COMPTES

Au mois de septembre 2010, le Premier président de la Cour des comptes a présenté le rapport sur l'application des lois de financement de la Sécurité sociale pour l'année 2009. Il a par ailleurs fait porter quelques observations sur la LFSS de 2010 qui était à l'époque en cours d'exécution.

La lecture de ce document permet d'observer les éléments suivants :

- en 2009, le déficit du régime général (- 20,3 Md€) a plus que doublé par rapport à l'année précédente ;
- cette situation s'explique par un « effet de ciseau » dû à la progression des dépenses (+ 4,3 % entre 2008 et 2009) et simultanément à la quasi stabilité des recettes (+ 1,1 %) ;
- le produit des cotisations salariales a très légèrement progressé (+ 0,4 %) malgré une régression historique d'environ 1,3 % de la masse salariale du secteur privé : la Cour constate que ce paradoxe est dû à l'effet de la

crise sur la structure de l'emploi, les pertes d'emploi ayant d'abord touché les plus bas salaires qui bénéficient d'allègements de cotisations ;

- certains postes de dépense (soins de ville) ont particulièrement augmenté (soins infirmiers, transports sanitaires…) ;
- il demeure d'importantes difficultés d'accès aux soins dentaires en raison de leur coût pour le patient : en réalité, le régime général ne prend plus à sa charge que le tiers des dépenses (contre un peu plus de la moitié en 1980).

Fiche 49 La certification des comptes sociaux

I - POURQUOI CERTIFIER LES COMPTES DE LA SÉCURITÉ SOCIALE ?

La certification des comptes, par exemple celle que l'on retrouve dans les entreprises, répond à des exigences de transparence et d'objectivité de la situation financière et des résultats obtenus. Dans le domaine des finances des organismes de Sécurité sociale, la transparence doit permettre au Parlement de s'assurer que les comptes sociaux ne comportent pas d'anomalie significative. Incidemment, elle permet aussi de garantir le bon usage des deniers publics par un contrôle strict et normé des dépenses, suivant un référentiel objectif.

La certification des comptes sociaux est en France l'aboutissement d'une démarche ancienne. Dès sa création en 1979, la Commission des comptes de la Sécurité sociale (CCSS) a été investie d'une mission d'analyse des comptes des différents régimes de protection sociale. La mise en place d'une comptabilité en droits constatés sera un peu plus tardive puisque c'est un décret du 23 mai 1996 (relatif à la gestion comptable des organismes de Sécurité sociale du régime général) qui l'officialisera. Un autre pas vers la certification sera franchi à compter du 1er janvier 2002 lors de l'instauration d'un plan comptable unique dans tous les organismes de Sécurité sociale.

II - QUI EST EN CHARGE DE LA CERTIFICATION DES COMPTES SOCIAUX ?

A - Fondement juridique

Selon l'article LO111-3-VIII du code de la Sécurité sociale, « *la mission d'assistance du Parlement et du Gouvernement, confiée à la Cour des comptes par le dernier alinéa de l'article 47-1 de la Constitution, comporte notamment (...) la production du rapport (...) de certification de la régularité, de la sincérité et de la fidélité des comptes des organismes nationaux du régime général et des comptes combinés de chaque branche et de l'activité de recouvrement du régime général relatifs au dernier exercice clos (...)* ».

L'article LO132-2-1 du code des juridictions financières dispose parallèlement que « *chaque année, la Cour des comptes établit un rapport présentant le compte rendu des vérifications qu'elle a opérées en vue de certifier la régularité, la sincérité et la fidélité des comptes des organismes nationaux du régime général et des comptes combinés de chaque branche et de l'activité de recouvrement du régime général, relatifs au dernier exercice clos, établis conformément aux dispositions du livre premier du code de la Sécurité sociale. Ce rapport est remis au Parlement et au Gouvernement sitôt son arrêt par la Cour des comptes et au plus tard, le 30 juin de l'année suivant celle afférente aux comptes concernés ».*

Il incombe donc à la Cour des comptes d'organiser et de mettre en œuvre la certification des comptes sociaux, à l'image de ce qu'elle avait entrepris antérieurement pour les comptes du budget de l'État. Le premier rapport de certification a porté sur les comptes de 2006 ; il a été publié en 2007. L'année 2010 est la cinquième année de certification des comptes. Le rapport correspondant est attendu en cours d'année 2011.

B - La mission de certification confiée à la Cour des comptes

La Cour des comptes paraissait être toute désignée pour jouer le rôle d'un « commissaire aux comptes » devant certifier les comptes de l'État. D'abord parce qu'il s'agit d'une institution spécialisée dans le contrôle des finances publiques au sens large. La matière, parfois aride en ce qui concerne les finances sociales, lui est parfaitement connue ce qui justifie sa compétence. En deuxième lieu, la Cour est une entité extérieure par rapport aux entités dont elle contrôle les comptes. Elle n'entretient aucune relation de subordination ni de tutelle avec les services qui produisent les comptes. En troisième et dernier lieu, la Cour, en tant que juridiction est parfaitement indépendante. Elle peut donc émettre librement, sans contrainte, une opinion sur les données qui lui sont soumises afin d'avoir l'assurance raisonnable que les états financiers ne comportent pas d'anomalie significative.

Ainsi désignée, la Cour des comptes est et demeurera garante du respect du principe de sincérité des comptes publics. Selon cette règle, les comptes des administrations de Sécurité sociale doivent être réguliers et sincères et donner une image fidèle du résultat de leur gestion, de leur patrimoine et de leur situation financière.

C - Le domaine de certification

La Cour des compte porte une appréciation sur les documents comptables (bilan, compte de résultat, annexes) :

- des quatre établissements publics nationaux qui constituent les rouages fondamentaux du régime général (ACOSS, CNAV, CNAM et CNAF) ;
- des quatre branches du régime général.

III - QUEL EST LE RÉFÉRENTIEL APPLICABLE ?

L'article LO111-3-VII du code de la Sécurité sociale indique que « *les comptes des régimes et organismes de Sécurité sociale doivent être réguliers, sincères et donner une image fidèle de leur patrimoine et de leur situation financière* ». L'article L114-5 du code de la Sécurité sociale énonce quant à lui que « *les régimes obligatoires de base de Sécurité sociale (...) appliquent un plan comptable unique fondé sur le principe de la constatation des droits et obligations* ».

La question qui s'est posée a donc été de savoir selon quelles règles les comptes des organismes sociaux allaient être certifiés. C'est précisément l'objet du plan comptable unique des organismes de Sécurité sociale (PCUOSS) prévu par l'article D114-4-1 du code de la Sécurité sociale. La première version du PCUOSS, instituée par un arrêté interministériel du 30 novembre 2001, est entrée en vigueur le 1er janvier 2002. Un nouvel arrêté du 30 janvier 2008 a par la suite remplacé la première édition. La dernière modification intervenue le 24 février 2010 s'est appliquée aux comptes de l'exercice 2009.

IV - LE BILAN DES DERNIERS COMPTES CERTIFIÉS (2009)

Au mois de juin 2010, la Cour des comptes a rendu public son rapport de certification des comptes des cinq branches (dont la branche « recouvrement ») ainsi que des quatre agences nationales concernées (CNAM, CNAF, CNAV et ACOSS). Les comptes ont tous fait l'objet d'une certification avec réserve, à l'exception de ceux concernant branche « vieillesse et veuvage » et de la CNAVTS puisque la Cour des comptes n'a pas été en mesure de les vérifier. En ce qui concerne cette branche, la Cour a pu relever un nombre important de dossiers de pensions entachés erreurs de calcul ; celles-ci ont généré des inexactitudes significatives sur le montant global des pensions liquidées. Par ailleurs, les dysfonctionnements des systèmes d'information et leur manque de sécurisation n'ont pas rendu possible l'analyse des données qui en ont été extraites.

Fiche 50 Les programmes de qualité et d'efficience

I - LA DÉMARCHE

La modernisation de la gestion et l'évaluation des politiques publiques sont désormais au cœur du fonctionnement des administrations. Au niveau de l'État, la LOLF a généralisé la démarche de performance à travers les PAP et les RAP. Dans ce cadre, le Parlement est en mesure d'exercer un contrôle approfondi, en toute transparence et est associé très en amont des choix budgétaires opérés par le Gouvernement.

Cette démarche a été transposée au domaine des finances sociales par la loi organique du 2 août 2005. Le texte instaure les programmes de qualité et d'efficience (PQE) repris par l'article LO111-4-III du code de la Sécurité sociale : « *sont jointes au projet de loi de financement de la Sécurité sociale de l'année des annexes présentant, pour les années à venir, les programmes de qualité et d'efficience relatifs aux dépenses et aux recettes de chaque branche de la Sécurité sociale ; ces programmes comportent un diagnostic de situation appuyé notamment sur les données sanitaires et sociales de la population, des objectifs retracés au moyen d'indicateurs précis dont le choix est justifié, une présentation des moyens mis en œuvre pour réaliser ces objectifs et l'exposé des résultats atteints lors des deux derniers exercices clos et, le cas échéant, lors de l'année en cours. Cette annexe comprend également un programme de qualité et d'efficience relatif aux dépenses et aux recettes des organismes qui financent et gèrent des dépenses relevant de l'objectif national de dépenses d'assurance maladie* ».

Mais il faut convenir que cette approche n'est pas réellement nouvelle pour les organismes de protection sociale. En effet dès 1996, un dispositif « objectifs-résultats » avait été instauré sous la forme de conventions pluriannuelles d'objectifs et de gestion conclues entre l'État et les caisses de Sécurité sociale. Ce dispositif est aujourd'hui maintenu et s'ajoute donc aux PQE comme en dispose l'article LO111-4-III du code de la Sécurité sociale : « *sont jointes au projet de loi de financement de la Sécurité sociale de l'année des annexes présentant, pour les années à venir, les objectifs pluriannuels de gestion et les moyens de fonctionnement dont les organismes des régimes obligatoires de base disposent pour les atteindre, tels qu'ils sont déterminés conjointement entre l'État et les organismes nationaux des régimes obligatoires de base et indiquant, pour le dernier exercice clos, les résultats atteints au regard des moyens de fonctionnement effectivement utilisés* ».

Les programmes de qualité et d'efficience sont au nombre de six. Quatre sont élaborés par branche du régime général de la Sécurité sociale. Deux PQE portent d'une part sur le financement de la protection sociale et l'invalidité et, d'autre part, sur les autres dispositifs gérés par la CNSA (Caisse nationale de solidarité pour l'autonomie). Les PQE sont présentés de manière identique. Ils détaillent d'abord des objectifs à atteindre puis listent plusieurs indicateurs permettant de suivre en cours d'année les réalisations par rapport aux prévisions fixées.

II - LES OBJECTIFS DES PQE ASSOCIÉS À LA LFSS POUR 2011

On recense 26 objectifs dans les PQE établis pour l'année 2011. Ceux-ci sont répartis dans les six domaines précédemment évoqués et déclinés en plus de 170 indicateurs qui peuvent être éventuellement assortis d'une valeur cible (c'est-à-dire d'un résultat qu'il faut tenter d'atteindre en quelques années). Pour chaque PQE, les objectifs sont présentés ci-dessous avec pour chacun d'entre eux un exemple d'indicateur.

A - Les objectifs du programme de qualité et d'efficience « maladie »

Objectifs du PQE « maladie »	Exemples d'indicateur
1 - Assurer un égal accès aux soins	Nombre de bénéficiaires de l'aide à l'acquisition d'une complémentaire santé (ACS)
2 - Développer la prévention	Prévalence de l'obésité et du surpoids chez l'enfant
3 - Améliorer la qualité de prise en charge des patients par le système de soins	Proportion de médecins engagés dans une démarche d'évaluation des pratiques professionnelles (EPP) au cours des cinq dernières années
4 - Renforcer l'efficience du système de soins et développer la maîtrise médicalisée des dépenses	Taux de pratique de la chirurgie ambulatoire
5 - Garantir la viabilité financière de la branche maladie	Niveau et dépassements de l'ONDAM

B - Les objectifs du programme de qualité et d'efficience « accidents du travail - maladies professionnelles »

Objectifs du PQE « accidents du travail - maladies professionnelles »	Exemples d'indicateur
1 - Réduire la fréquence et la gravité des accidents du travail, des accidents de trajet et des maladies professionnelles grâce à la prévention	Évolution du nombre de visites d'inspection sur la conformité des démarches d'évaluation des risques dans les entreprises
2 - Améliorer la reconnaissance des accidents du travail et des maladies professionnelles et l'équité de la réparation	Hétérogénéité des taux de reconnaissance des accidents du travail et des maladies professionnelles entre Caisses primaires d'assurance maladie
3 - Garantir la viabilité financière de la branche accidents du travail - maladies professionnelles	Montants récupérés dans le cadre des procédures de recours contre tiers

C - Les objectifs du programme de qualité et d'efficience « retraites »

Objectifs du PQE « retraites »	Exemples d'indicateur
1 - Assurer un niveau de vie adapté aux retraités	Évolution des prix et revalorisation des pensions
2 - Garantir la solidarité entre retraités	Écart de niveau de pension entre hommes et femmes
3 - Améliorer la connaissance par les assurés de leurs droits à la retraite	Proportion des relevés individuels de situation envoyés aux assurés des générations ciblées par le droit à l'information
4 - Augmenter progressivement la durée d'activité et accroître l'emploi des travailleurs âgés	Âge effectif moyen à la cessation d'activité
5 - Garantir la viabilité financière des régimes de retraite	*Ratio* prospectif de soutenabilité financière des régimes de retraite

D - Les objectifs du programme de qualité et d'efficience « famille »

Objectifs du PQE « famille »	Exemples d'indicateur
1 - Contribuer à la compensation financière des charges de famille	Niveau de vie des ménages avant et après impôt sur le revenu, prestations familiales, aides au logement et minima sociaux, en fonction de la configuration familiale
2 - Aider les familles vulnérables	Nombre d'enfants de moins de 18 ans vivant dans des familles dont les ressources sont inférieures au seuil de pauvreté
3 - Concilier vie familiale et vie professionnelle	Nombre de bénéficiaires et taux de recours au congé de paternité
4 - Garantir la viabilité financière de la branche famille	Taux d'adéquation des dépenses avec les recettes de la CNAF

E - Les objectifs du programme de qualité et d'efficience « financement »

Objectifs du PQE « financement »	Exemples d'indicateur
1 - Garantir la viabilité financière des régimes de base	Évolution de la dette courante des organismes de Sécurité sociale (non reprise par la CADES ou l'État)
2 - Veiller à l'équité du prélèvement social	Importance des prélèvements sociaux en fonction du revenu des ménages
3 - Concilier le financement de la Sécurité sociale et la politique de l'emploi	Taux de prélèvement effectifs à la charge de l'employeur pour un salarié rémunéré au SMIC et pour un salarié rémunéré au plafond de la Sécurité sociale
4 - Simplifier les procédures de financement	Nombre de cotisants utilisant des procédures simplifiées de déclaration
5 - Améliorer l'efficience de la gestion financière et du recouvrement	Coût de 100 € recouvrés par le régime général

F - Les objectifs du programme de qualité et d'efficience « invalidité et dispositifs gérés par la CNSA »

Objectifs du PQE « invalidité et dispositifs gérés par la CNSA »	Exemples d'indicateur
1 - Assurer un niveau de vie adapté aux personnes invalides	Nombre et proportion de titulaires de pensions d'invalidité bénéficiant de l'allocation du Fonds spécial d'invalidité (FSI)
2 - Répondre au besoin d'autonomie des personnes handicapées	Nombre de bénéficiaires de l'allocation d'éducation de l'enfant handicapé (AEEH)
3 - Répondre au besoin d'autonomie des personnes âgées	Proportion de bénéficiaires de l'APA vivant à domicile selon le degré de dépendance
4 - Garantir la viabilité financière de la CNSA	Part des dépenses d'APA et de PCH (prestation de compensation du handicap) financées par la CNSA

Fiche 51

La dette sociale

I - LES CHIFFRES DES COMPTES SOCIAUX

Le montant du déficit du régime général de la Sécurité sociale est revu chaque année dans le cadre de la préparation du PLFSS. Dans la LFSS pour 2011, il s'établit de manière définitive à - 20,3 Md€ pour l'année 2009, cet exercice étant comptablement clos. De 2010 à 2014, le tableau ci-dessous indique les prévisions de solde.

Solde du régime général (Md€)	**2009**	**2010**	**2011**	**2012**	**2013**	**2014**
Total des recettes	297,7	296,9	312,1	324,2	336,5	350,3
Total des dépenses	318	321,6	333	343,5	355,2	366,7
Solde général	**-20,3**	**-24,7**	**-20,9**	**-19,3**	**-18,7**	-16,4

Il est parallèlement utile de présenter l'évolution des recettes et des dépenses du régime général d'une année sur l'autre, les variations ainsi mises en évidence pouvant expliquer les fluctuations du solde.

Régime général - LFSS 2011 - Md€	**2009**	**2010**	**2011**	**2012**	**2013**	**2014**
Total des recettes	297,7	296,9	312,1	324,2	336,5	350,3
Progression des recettes	*ND*	*-0,27%*	*5,12%*	*3,88%*	*3,79%*	*4,10%*
Total des dépenses	318	321,6	333	343,5	355,2	366,7
Progression des dépenses	*ND*	*1,13%*	*3,54%*	*3,15%*	*3,41%*	*3,24%*
Solde général	**-20,3**	**-24,7**	**-20,9**	**-19,3**	**-18,7**	**-16,4**

L'analyse conduit à plusieurs constats : entre 2009 et 2010, les recettes perçues diminuent de 0,27 %. En ce qui concerne les dépenses, elles progressent de 1,13 %. L'effet dit « de ciseau » est donc immédiat sur le solde général qui se détériore 4,4 Md€. En outre, les prévisions de recettes pour 2010 sont pessimistes puisqu'il s'agit de la seule année de régression sur la période analysée.

Par ailleurs, les projections pour 2011 à 2014 montrent un bon niveau de recettes, en tous cas supérieur chaque année aux dépenses. Il en résulte donc de matière purement mécanique une diminution du déficit du solde général (passage de - 20,9 Md€ à -16,4 Md€). Enfin et de manière plus générale, il convient de noter qu'à l'image de tous les pays occidentaux, la progression des dépenses sociales est très supérieure au taux moyen de croissance (réalisé ou prévu) de l'économie française.

II - POURQUOI LES DÉPENSES SOCIALES PROGRESSENT-ELLES PLUS RAPIDEMENT QUE LE TAUX DE CROISSANCE ?

La croissance des dépenses sociales (en particulier celles relevant du domaine de l'assurance maladie) est caractéristique des sociétés développées et en particulier des sociétés occidentales. Dans les faits, elles sont pratiquement toujours supérieures au taux de croissance de ces économies.

Cela s'explique d'abord par la généralisation de l'accès aux soins médicaux. Les services de proximité se multiplient et on assiste à une « banalisation » de la santé puisque des actes auparavant plus rares se généralisent. Il en va par exemple du domaine de la chirurgie gériatrique, peu développé dans les années 1950 et qui a connu une formidable accélération une trentaine d'année plus tard : les patients sont donc devenus plus nombreux et les dépenses correspondantes ont significativement progressé.

Un deuxième facteur est lié au vieillissement de la population qui devient donc plus exposée, qu'il s'agisse des dépenses de santé ou d'assurance vieillesse. Les pensions de retraite sont payées plus longtemps or elles n'ont pas toujours donné lieu à un nombre d'années de cotisation suffisant pour des bénéficiaires qui ont cessé leur activité de manière anticipée. De ce point de vue, l'un des enjeux de la réforme des retraites mise en place en 2010 aura consisté à allonger la durée de cotisation afin de prendre en compte l'allongement de l'espérance de vie.

Un troisième élément est d'ordre technique. Les progrès scientifiques de la recherche aboutissent au développement de nouvelles techniques de soins (laser, scanner, imagerie par résonance magnétique, chirurgie orthopédique). Celles-ci ont nécessairement un coût devant être supporté par l'assurance maladie. Dans certains cas, il peut aussi y avoir des actes prescrits par « confort » alors qu'ils ne sont médicalement pas nécessaires. On retrouve également beaucoup d'examens redondants alors qu'un seul d'entre eux aurait pu suffire. Enfin les recherches des laboratoires conduisent à proposer des traitements pharmaceutiques de plus en plus pointus en termes de molécules utilisées. Et ceux-ci sont donc d'autant plus onéreux qu'ils peuvent être administrés à vie. Cette conjonction de facteurs reste en conséquence fortement préjudiciable à l'équilibre financier de la branche maladie

Un dernier élément est lié à la « demande sociale ». Certes, la croissance économique (source d'innovation, donc de progrès) engendre un accroissement des dépenses. Mais il convient d'observer qu'un ralentissement de l'activité (crise) n'a pas l'effet inverse. Au contraire, ce sont d'autres instruments qui sont mis en place et qui maintiennent un niveau de dépenses élevées. Tel est le cas des prestations sociales (revenu minimum, aides contre l'exclusion, couverture médicale...) destinées aux personnes les plus démunies qui, dans un contexte de récession, sont aussi en augmentation.

III - LA CAISSE D'AMORTISSEMENT DE LA DETTE SOCIALE (CADES)

A - Création

La Caisse d'amortissement de la dette sociale (CADES) a été créée par une ordonnance du 24 janvier 1996. Il s'agit d'un établissement public national à caractère administratif, placé sous la tutelle du ministre chargé de l'économie et des finances et du ministre chargé de la Sécurité sociale. Sa mission est Sa mission est de financer puis d'éteindre la dette cumulée du régime général de la Sécurité Sociale.

Le remboursement de la dette des comptes sociaux doit être entrepris par l'intermédiaire d'emprunts qui sont souscrits. Leur remboursement s'opère par le produit d'un prélèvement obligatoire spécialement créé pour l'occasion : la contribution au remboursement de la dette sociale (CRDS). Par ailleurs, les produits de la vente d'une partie du patrimoine immobilier de la Sécurité sociale viennent abonder ces ressources.

B - Les ressources de la CADES

La CADES reçoit deux grands types de financement.

La contribution au remboursement de la dette sociale (CRDS) a été mise en place en 1996. Elle devait initialement avoir une durée de 13 années (donc prendre fin en 2009), à l'issue du remboursement total de la dette. La LFSS pour 1998 a ensuite étendue sa durée à 18 ans. Enfin, la loi du 13 août 2004 relative à l'assurance maladie a supprimé toute échéance en subordonnant son maintien au remboursement intégral de la dette. Elle a aussi élargi l'assiette de calcul de la CRDS (passage de 95 à 97 % des salaires bruts et des allocations chômage). Le taux de la CRDS s'élève à 0,5 % ; il s'applique à l'ensemble des revenus d'activité et de remplacement, des revenus du patrimoine et des placements ainsi qu'à la vente des métaux précieux et aux gains aux jeux de hasard.

La contribution sociale généralisée CSG a été créée en 1991. Jusqu'en 2008, elle était répartie entre le fond de solidarité vieillesse, la CNAF, les régimes de base d'assurance maladie et le fonds de financement de l'allocation personnalisée à l'autonomie. En contrepartie d'une nouvelle dette (27 Md€) transférée à la CADES, la LFSS pour 2009 (conformément à la loi organique du 2 août 2005) a instauré une recette complémentaire. Celle-ci devrait en principe permettre de rembourser la nouvelle dette sans différer son échéance d'extinction. Cette ressource correspond à 0,2 % de CSG. Le taux actuel de la CSG est de 7,5 %. Elle a la même assiette que la CRDS.

PARTIE IV

LES FINANCES EUROPÉENNES

TITRE I

LE CADRE GÉNÉRAL DE LA CONVERGENCE ÉCONOMIQUE

Chapitre 1 - Le dispositif institutionnel de discipline budgétaire

Chapitre 2 - La mise en œuvre pratique - le cas de la France

Fiche 52

L'Union économique et monétaire (UEM)

I - LA NOTION D'INTÉGRATION ÉCONOMIQUE

Il existe plusieurs formes plus ou moins abouties d'intégration économique. L'économiste hongrois Béla Balassa en a décrit les principales étapes : zone de libre-échange, union douanière, marché commun, union économique et monétaire et union politique.

Au-delà du marché commun qui repose sur la libre circulation des personnes et des capitaux, l'union économique et monétaire implique la réunion de deux conditions : la création d'une monnaie commune et la coordination des politiques économiques des États membres.

II - LA ZONE EURO

Dès 1988, lors du Conseil européen de Hanovre, les chefs d'État et de Gouvernement de la CEE avaient décidé de confier à un groupe d'experts présidé par Jacques Delors la mission de préparer la mise en place de l'intégration. Approuvé au sommet de Madrid en 1989 et explicitement prévu par le Traité de Maastricht en 1992, le passage à la monnaie unique a été fixé au 1er janvier 1999. Onze pays ont été retenus en fonction du respect de plusieurs paramètres (les critères de convergence) ; d'autres États en ont été temporairement écartés, comme la Grèce qui devait finalement rejoindre la zone euro en 2001.

La zone euro comprend 17 États regroupant 322 millions d'habitants ; l'Estonie est le dernier pays ayant rejoint la zone le 1er janvier 2011.

III - LES CRITÈRES DU TRAITÉ DE MAASTRICHT

Le Traité de Maastricht a été signé le 7 février 1992 ; il est entré en vigueur le 1er novembre 1993. Il précise dans son article 121 les conditions devant être respectées par les États candidats à l'euro :

- en ce qui concerne la stabilité des prix, le taux d'inflation de l'État membre ne doit pas dépasser de plus de 1,5 % celui des trois États membres présentant les meilleurs résultats en matière de stabilité des prix ;
- au regard de la situation des finances publiques, chaque État ne peut avoir un déficit public annuel supérieur à 3 % du PIB ainsi qu'une dette publique supérieure à 60 % du PIB ;

- la stabilité des taux de change (interdiction des dévaluations) implique que chaque État ait participé sans connaître de tension grave aux conditions de fonctionnement du système monétaire européen (SME) pendant les deux années qui précèdent l'examen de sa candidature ;
- quant aux taux d'intérêt à long terme, ils ne doivent pas excéder de plus de 2 % ceux des trois États membres présentant les meilleurs résultats en matière de stabilité des prix.

À l'initiative de la France et de l'Allemagne en mars 2005, l'appréciation du non-respect de ces critères a été assouplie en particulier pour tenir compte leurs situations économiques respectives et des réformes qu'ils avaient engagées. Un dépassement exceptionnel et temporaire des critères (notamment déficit budgétaire et dette publique) est donc désormais toléré.

IV - L'AVENIR DE L'EURO

Dans le contexte de crise financière internationale, la question de la sortie de la zone euro s'est posée à plusieurs reprises pour certains États supposés plus fragiles (Irlande, Grèce). Les arguments sont simples : il convient de protéger la monnaie commune de leurs difficultés économiques. Or cette éventualité, bien que concevable en théorie, demeurerait extrêmement complexe à mettre en œuvre. D'abord parce que le droit communautaire n'a pas prévu cette situation : il n'est donc pas possible de revenir aux anciennes monnaies nationales qui ont définitivement disparu lors du passage à l'euro. D'autre part, en raison du fait que la capacité de remboursement de la dette des États concernés serait fortement dégradée par la création d'une nouvelle monnaie dans laquelle les créanciers n'auraient pas confiance. Il en résulterait alors un défaut de paiement de ces pays qui les conduirait à leur faillite. Toute l'économie européenne en serait considérablement perturbée.

Fiche 53 Le Pacte de stabilité et de croissance (PSC)

I - RAPPELS HISTORIQUES

Le Pacte de stabilité et de croissance (PSC) a été adopté lors du Conseil européen d'Amsterdam en 1997. C'est un système créé par les membres de l'Union économique et monétaire (UEM) pour coordonner leurs politiques budgétaires nationales qui contrairement aux politiques monétaires demeurent de compétence nationale.

II - CONTENU DU PACTE DE STABILITÉ ET DE CROISSANCE

Le PSC contient deux types de dispositions : des éléments de prévention et des mesures de répression.

A - La prévention : la surveillance multilatérale

La surveillance multilatérale (c'est-à-dire exercée par chaque État) porte sur les politiques économiques suivies par les membres de l'UEM et sur la situation de leurs finances publiques. C'est dans ce but que le Conseil adopte chaque année les grandes orientations des politiques économiques (GOPE). Il peut aussi adresser en cours d'année des recommandations aux États s'il s'avère que certains d'entre eux s'éloignent des règles fixées par le GOPE, en particulier en cas de dérapage budgétaire.

B - La répression : le déficit excessif

La procédure de déficit excessif (PDE) est mise en œuvre lorsqu'un État membre ne respecte pas l'un des cinq critères du Traité de Maastricht : la limitation du déficit budgétaire qui doit être inférieur à 3 % du produit intérieur brut (PIB).

La procédure est conjointement menée par la Commission et le Conseil. La Commission analyse la situation des États en tenant compte de plusieurs facteurs. Dans certains cas particuliers (crise économique, réformes importantes en cours au sein d'un État…), elle peut décider ne pas poursuivre la procédure. Le Conseil adresse ensuite des recommandations à l'État concerné qui doit impérativement mettre un terme à cette dérive un délai précis. À défaut, il pourra être mis en demeure de le faire et même être sanctionné par une amende sous la forme de dépôt effectué auprès de la BCE.

III - LES JUSTIFICATIONS DU PACTE DE STABILITÉ ET DE CROISSANCE

L'appartenance à l'UEM n'est pas qu'un engagement politique. La portée d'une telle décision partagée par de nombreux États vise, avant tout, la consolidation des politiques budgétaires nationales afin de les protéger de tout « choc asymétrique » (événement imprévu touchant de manière différente les membres d'une même zone monétaire : hausse subite du prix du pétrole, faillite d'une banque nationale…).

En 2008, le déficit public budgétaire a atteint 3,4 % du PIB en France, 3,8 % en Espagne, 5 % en Grèce et 7,1 % en Irlande. Une procédure pour déficit excessif a été initiée mais la survenance de la crise financière internationale a conduit les institutions européennes à ne pas y donner suite.

Il reste que le PSC s'avère un élément déterminant de la *policy mix*, c'est-à-dire de la combinaison des politiques budgétaire et monétaire. La procédure pour déficit excessif est rarement menée jusqu'à son terme puisqu'elle comporte de nombreuses étapes et se base sur des négociations avec les États concernés. On peut cependant regretter qu'elle ne se fonde que sur un seul critère : celui du déficit public. On aurait pu concevoir une approche multi-critères (taux d'inflation, montant de la dette publique, taux de chômage…).

Fiche 54

Soutenabilité des finances publiques et pilotage pluriannuel

I - LA SOUTENABILITÉ DES FINANCES PUBLIQUES

La soutenabilité des finances publiques porte sur la capacité d'un État à rester solvable. Mais la notion de solvabilité est très différente lorsqu'elle s'applique à une entité privée, une banque par exemple.

La solvabilité d'une banque se mesure à partir de ses liquidités : elle est solvable si ses actifs sont suffisants à un instant précis pour faire face à ses dettes. Or la solvabilité des États doit être appréciée à plus long terme compte tenu de leur durée de vie illimité et de leur capacité à pouvoir augmenter leurs ressources lorsqu'ils le désirent (levée des impôts, augmentation de la TVA...). Elle doit donc appréciée sur une longue période et au regard de ses déficits et de ses excédents budgétaires (donc par rapport aux prévisions de dépenses et de recettes)

La question de la soutenabilité des finances publiques prend une dimension plus importante lorsqu'un État appartient à une union économique et monétaire (cas de l'UEM). Les récents exemples de crise financière (Grèce, Irlande) ont démontré la vulnérabilité des dispositifs en place. Sans le dispositif de soutien décidé par institutions européennes et les États membres de la zone euro, les États fragilisés n'auraient jamais pu faire face à leurs engagements de remboursement de leurs dettes.

II - LA PROGRAMMATION PLURIANNUELLE DES FINANCES PUBLIQUES

A - Rappel historique

La révision constitutionnelle du 23 juillet 2008 a modifié le contenu de l'article 34 de la Constitution. Il a ainsi été créé une nouvelle catégorie de loi de programmation définissant les « *orientations pluriannuelles des finances publiques* » et devant s'inscrire « *dans l'objectif d'équilibre des comptes des administrations publiques* ».

Pour la première fois, la loi de finances (LFI) de l'année 2009 s'est accompagnée d'une loi de programmation des finances publiques pour la période 2009-2012. Cette initiative a été renouvelée pour la seconde fois par la loi du 28 décembre 2010 portant programmation 2011 à 2014.

B - Objectifs des lois de programmation

En complément du rôle joué par le Gouvernement en matière de politique économique, les lois de programmation permettent à la représentation nationale de définir la stratégie suivie par les pouvoirs publics en termes d'évolution leurs budgets. En principe, ces lois détaillent l'évolution des dépenses et des recettes de l'État ainsi que celles de la Sécurité sociale et des collectivités territoriales sur trois ans. Ces dispositions permettent de donner aux services gestionnaires davantage de visibilité sur leur futur périmètre d'action et de les sensibiliser aux contraintes qui en découleront.

C - Contenu de la loi de programmation 2011-2014

La loi du 28 décembre 2010 actualise la première loi de programmation pour les années 2009-2012 dont les objectifs ont été remis ne cause par la crise économique. On y retrouve les principales mesures suivantes :

- la sortie progressive du plan de relance dont les mesures de soutien, progressivement arrêtées au cours de l'année 2010, ne pèseront plus sur les finances publiques à partir de 2011 ;
- la fin du coût de la mise en œuvre de la réforme de la taxe professionnelle ;
- la réduction des niches fiscales et sociales (10 Md€ en 2011) devant être poursuivie les années suivantes (3 Md€ supplémentaires par an) ;
- la diminution du montant global des dépenses de l'État de 0,2 % en euros constants en 2011 ;
- le recentrage de l'État sur son cœur de métier, certaines activités pouvant être assurées par le secteur privé.

Fiche 55 La crise en France et le plan de relance

I - QUELQUES ÉLÉMENTS CHRONOLOGIQUES

Depuis 2007, quelques événements importants expliquent l'ampleur de la crise financière subie par les pays européens, dont la France.

Juillet 2007

En raison des *subprimes*, certaines banques américaines annoncent que la valeur de leurs fonds propres s'est considérablement dégradée et presque réduite de moitié. L'agence de notation Moody's diminue alors la note de ces établissements bancaires. En Europe, on constate déjà un net repli des principales places financières (Londres, Paris, Francfort) suivi quelques jours après d'un recul de Tokyo.

Août 2007

La crise devient mondiale, alors que des établissements australiens de crédits annoncent être aussi touchés par la crise.

Septembre 2007

Les conséquences de la crise des *subprimes* conduisent à une surélévation de la valeur de l'euro qui pour la première fois franchit la barre de 1,39 $. Des prêts d'urgence sont accordés par plusieurs banques nationales à des entreprises en difficulté pour leur éviter la faillite.

Janvier 2008

Un plan de relance d'environ 150 Md$ est annoncé par le Président Bush. Malgré les prêts qui leur sont consentis, certaines banques ne parviennent pas à surmonter leurs difficultés. Elles sont alors nationalisés (Northern Rock).

Avril 2008

Le FMI (Fonds monétaire international) chiffre le coût de la crise financière à 1 000 Md$.

Septembre 2008

Lehman Brothers annonce son intention de se déclarer en faillite pour protéger ses actifs et de maximiser sa valeur. Les bourses mondiales s'inquiètent.

Octobre 2008

« Lundi noir » pour les bourses mondiales (6 octobre 2008).

Mars 2009

Les prévisions de croissance publiées par l'INSEE sont les plus mauvaises depuis 1945 (baisse de 2,9 % du PIB sur l'année).

Juin 2009

Le Congrès se réunit à Versailles. Le Président de la République annonce la création d'un « grand emprunt ».

Février 2010

Rechute des différents marchés boursiers européens alors que la Grèce, l'Espagne, le Portugal sont considérés comme les « maillons faibles » de l'Union économique et monétaire (UEM).

Mai 2010

Alors que la Cour des comptes critique l'aggravation du déficit budgétaire arrêté à 138 Md€ en 2009 (81,7 Md€ de plus qu'en 2008), en pleine crise grecque, l'euro connaît un repli significatif par rapport au dollar (6 mai 2010 : 1 € = 1,2612 $; 25 mai 2010 : 1 € = 1,2223 $). La représentation graphique ci-dessous représente l'évolution de la parité euro-dollar. On y voit clairement les deux crises boursières des mois d'octobre 2008 et de mai 2010.

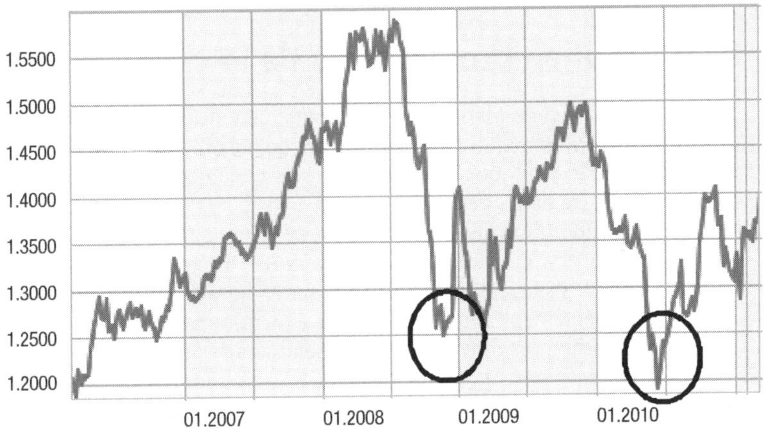

Août 2010

L'agence Moody's met en garde quatre grands pays (États-Unis, Allemagne, France et Royaume-Uni) contre une possible dégradation de leur note AAA en raison d'une dette difficilement soutenable à moyen terme.

II - LE PLAN DE RELANCE DE L'ÉCONOMIE

La mise en place d'un plan de relance de l'économie (indépendant du plan d'aide et de soutien dont bénéficiaient déjà certaines banques fragilisées par la crise) a été annoncée le 4 décembre 2008 par le Président de la République. Avec une enveloppe de 26 Md€, la mise en œuvre de ce dispositif a inévitablement aggravé le déficit budgétaire en raison du recours à l'emprunt. De ce point de vue, les institutions européennes ont été plutôt compréhensives en acceptant qu'il puisse être temporairement dérogé aux critères du Pacte de stabilité et de croissance.

Le plan de relance se compose de deux volets.

A - Les grands projets d'investissement

C'est un peu plus de 1 000 projets d'investissements qui ont été retenus par le Gouvernement. Ils concernent des secteurs diversifiés (infrastructures de transport, enseignement supérieur et la recherche, patrimoine, rénovation d'infrastructures publiques…). Compte tenu de la dimension de la mission, un ministre chargé de la mise en œuvre du plan de relance de l'économie a été nommé par le chef de l'État.

B - Le soutien aux victimes de la crise

Un autre volet du plan de relance a porté cette fois sur les « victimes » de la crise. Il s'agit d'un grand nombre de mesures destinées à faciliter l'activité économique et la situation des ménages. Parmi les mesures décidées, on peut citer :

- l'exonération de charges patronales pendant 12 mois pour les entreprises de moins de 10 salariés (TPE) qui ont embauché en 2009 des salariés en les rémunérant jusqu'à 1,6 fois le SMIC ;
- le versement d'une indemnité exceptionnelle (200€) versée à partir du mois d'avril 2009 aux bénéficiaires du RSA ;
- le renforcement de la formation professionnelle pour prévenir l'activité partielle ou l'accompagner ;
- l'octroi à certains ménages de bons d'achat de services à la personne ;
- la prime à la destruction d'un véhicule de plus de 10 ans (dite « prime à la casse »).

III - QUEL EST LE BILAN DU PLAN DE RELANCE DE L'ÉCONOMIE ?

En septembre 2010, dans le cadre d'une audition par la commission des finances de l'Assemblée nationale, le Premier président de la Cour des comptes a dressé un premier bilan des mesures mises en place par le Gouvernement. Force est d'abord de constater que leur coût a été bien supérieur aux montants annoncés. Initialement d'un montant d'environ 26 Md€, le plan a été alourdi par différentes mesures, en particulier les prêts bonifiés consentis au secteur automobile ou les aides directes aux ménages en difficultés. Au total, son coût aura donc été d'environ 34 Md€ en 2009 et 2010.

Par ailleurs, l'efficacité des mesures prises n'a pas pu faire l'objet d'une véritable évaluation. Le nombre d'emplois effectivement créés est très en-deçà des hypothèses qui avaient prévalu (400 000). La Cour estime ainsi avec une marge non négligeable que les emplois directement liés aux mesures de relance auraient varié entre 18 000 et 72 000. Au plan économique, l'effet du plan ne serait pas non plus stabilisé. Il demeure que son impact sur la croissance a été estimé à environ 0,5 % en 2009.

Une autre critique plus sévère a concerné les entreprises publiques qui devaient réaliser un effort d'investissement de 4 Md€ alors qu'elles n'auront finalement investi que la quart de cette somme. Un reproche identique pour les collectivités territoriales : les mesures d'aide leur auront certes permis d'améliorer leur situation financière mais non de relancer comme prévu l'activité économique.

TITRE II

LE BUDGET DE L'UNION EUROPÉENNE

Chapitre 1 - Présentation générale

Chapitre 2 - L'élaboration et l'exécution du budget

Fiche 56 Les règles financières de l'Union européenne

I - UN CADRE FINANCIER PLURIANNUEL

Le budget de l'Union européenne définit les recettes et les dépenses prévues pour l'année. La procédure qui très formalisée concerne toutes les institutions, qu'il s'agisse de la Commission ou du Conseil et du Parlement européen.

Depuis le début des années 80, les relations entre institutions étaient particulièrement conflictuelles sur deux aspects : la question de l'équilibre budgétaire et l'inadéquation des ressources aux besoins. C'est dans le but d'y remédier qu'est progressivement née l'idée d'un cadre financier pluriannuel (article 312 du Traité sur le fonctionnement de l'Union européenne - TFUE). Celui-ci a été officiellement adopté le 17 mai 2006, quand Parlement européen, Conseil et la Commission ont signé l'accord interinstitutionnel sur la discipline budgétaire et la bonne gestion financière de l'Union. En s'accordant désormais sur une programmation à moyen terme des grandes priorités budgétaires, les différents acteurs transcrivent financièrement les priorités qu'ils ont définies tout en respectant la règle de l'équilibre entre dépenses et recettes.

II - DES PRINCIPES BUDGÉTAIRES STRICTS

Huit principes budgétaires avaient été définis par le règlement n° 1605/2002 du 25 juin 2002. Afin de tenir compte des modifications introduites par le Traité de Lisbonne, un nouveau texte dresse désormais le cadre administratif et financier applicable au budget des communautés européennes (règlement n° 1081/2010 du 24 novembre 2010). Pour autant, les principes formalisés en 2002 n'ont pas été modifiés. Ces règles répondent ainsi à des exigences de simplification administrative et au souci d'assurer une gestion rigoureuse des finances communautaires :

- l'unité et la vérité budgétaire ;
- l'annualité ;
- l'équilibre ;
- l'unité de compte ;
- l'universalité ;
- la spécialité ;
- la bonne gestion financière ;
- la transparence.

III - LA RECHERCHE DE L'INTÉRÊT GÉNÉRAL

La contribution des États-membres au financement de l'Union européenne ne profite pas, loin s'en faut, aux institutions. Bien au contraire, ce sont les activités définies par les traités qui sont financées en faveur des ressortissants. Les domaines d'action sont nombreux (agriculture, transport, infrastructure, environnement, santé, recherche…) L'action de l'Union intervient même hors des frontières puisqu'elle peut être amenée à agir dans le domaine humanitaire ou le développement économique dans l'ensemble du monde et particulièrement dans des situations de crise.

IV - LE PRINCIPE DE RESPONSABILITÉ

La Commission est responsable devant le Parlement de l'exécution du budget de l'Union européenne. Elle doit donc répondre chaque année de l'utilisation qui a été faite des ressources mises à sa disposition. La dernière phase du contrôle qui est exercé sur elle est constituée par la décharge dont elle peut bénéficier. À partir d'un examen des comptes, c'est le Parlement européen qu'il revient de libérer la Commission de sa gestion et de clôturer comptablement le budget en question. Cette procédure dite « de décharge » n'aboutit pas systématiquement ; elle peut être octroyée mais aussi ajournée, voire refusée. À l'occasion de l'octroi de la décharge, le Parlement peut adresser des recommandations à la Commission. Cette dernière devra alors transmettre au Parlement et au Conseil la liste des mesures qu'elle a adoptées dans un rapport de suivi.

Fiche 57 Recettes et dépenses de l'Union européenne

I - LES RECETTES DU BUDGET DE L'UNION EUROPÉENNE

En 2010, l'Allemagne a été le plus gros contributeur au budget de l'UE (19,59 %). Elle a été suivie par la France (18 %), l'Italie (13,87 %) et le Royaume-Uni (10,41 %). Les recettes ont atteint la somme de 123 Md€ en crédits de paiements. Elles relèvent de quatre catégories.

A - Les ressources propres traditionnelles (RPT)

Il s'agit essentiellement des droits de douane acquittés par des personnes physiques ou morales (entreprises). Ils sont perçus sur les importations en provenance de pays tiers en fonction du tarif douanier commun en vigueur aux frontières extérieures de l'Union. Ce poste de ressource est en diminution significative depuis l'entrée en vigueur de différents accords de réduction de ces barrières tarifaires. Les droits de douane représentent environ 14 Md€ en 2010 (12 % des recettes totales).

B - Le prélèvement sur la TVA

Il s'agit d'une contribution versée par les États-membres qui consiste à transférer à l'UE une part (0,3 %) de la TVA perçue par chaque État sur une assiette harmonisée. Le prélèvement sur la TVA a représenté environ 14 Md€ en 2010 (12 % des recettes totales).

C - La ressource complémentaire d'équilibre (dite « ressource RNB »)

Il s'agit d'un prélèvement sur le revenu national brut de chaque État membre. Elle est qualifiée de « complémentaire » car elle n'est perçue que si les autres ressources sont insuffisantes pour couvrir les dépenses de l'UE. Elle sert donc à équilibrer les recettes par rapport aux dépenses. En tant que « variable d'ajustement », son taux qui s'applique sur le RNB est déterminé chaque année. D'un montant d'environ 93 Md€ en 2010, elle a représenté 75 % des recettes totales).

D - Les autres recettes

Marginales, elles correspondent aux au remboursement d'aides communautaires non utilisées, aux impôts et autres prélèvements sur les rémunérations du personnel, aux intérêts bancaires et aux contributions de pays tiers à certains programmes communautaires. Cette source de financement a représenté dans le budget 2010 environ 1 % des recettes (1,2 Md€)

II - LES DÉPENSES DU BUDGET DE L'UNION EUROPÉENNE

Pour 2010, elles représentent 141,4 Md€ en crédits d'engagements répartis entre dépenses opérationnelles et dépenses de fonctionnement.

A - Les dépenses opérationnelles

Il s'agit des dépenses qui sont directement liées à des actions et des politiques mises en place par l'UE. Elles se répartissent en quatre domaines et représentent 94,4 % des dépenses totales de l'Union (133,5 Md€).

- « La croissance durable » : 64,3 Md€ (45,5 % des dépenses totales)

  Il s'agit des engagements financiers en faveur des fonds structurels (fonds européen de développement régional, fonds social européen et fonds de cohésion) et des dépenses pour la recherche, l'innovation, la compétitivité, les réseaux transeuropéens de transports et d'énergie et l'éducation.

- « La préservation et gestion des ressources naturelles » : 59,4 Md€ (42 % des dépenses totales).

  Ce poste comprend les dépenses agricoles et les aides allouées dans le cadre de la PAC ainsi que les dépenses liées au développement rural, à l'environnement et à la pêche.

- « Citoyenneté, liberté, sécurité et justice » : 1,7 Md€ (1,2 % des dépenses totales).

  Cette catégorie concerne la protection des droits fondamentaux, la justice, la sécurité et la protection des libertés, la gestion des flux migratoires et les programmes d'information et de communication. Elle inclut également diverses mesures destinées à favoriser la culture et la diversité européennes.

- « L'Union européenne en tant qu'acteur mondial » : 8,1 Md€ (5,7 % des dépenses totales).

  Il s'agit des ressources finançant les politiques de coopération au développement, de voisinage et de partenariat, de préadhésion à l'Union, d'aide humanitaire, de démocratie et des droits de l'Homme. Ce poste recouvre également les moyens destinés à la mise en œuvre de la politique étrangère et de sécurité commune (PESC).

B - Les dépenses de fonctionnement

Il s'agit des crédits consacrés à l'administration générale des institutions (salaires et retraites des fonctionnaires européens, dépenses liées au fonctionnement courant, à l'entretien des bâtiments, frais de traduction et d'imprimerie...). Ce poste, relativement faible en raison d'un nombre de fonctionnaires réduit, a représenté 7,9 Md€ en 2010 (5,6 % des dépenses totales).

Fiche 58

Les principes d'élaboration du budget de l'Union européenne

C'est le règlement du 25 juin 2002 (modifié par le règlement du 24 novembre 2010 adopté à la suite de l'entrée en vigueur du Traité de Lisbonne) qui édicte les règles applicables pour l'adoption et l'exécution du budget de l'Union européenne. Huit principes budgétaires sont réaffirmés, par l'article 3 du texte : « *dans les conditions définies au présent règlement, l'établissement et l'exécution du budget respectent les principes d'unité, de vérité budgétaire, d'annualité, d'équilibre, d'unité de compte, d'universalité, de spécialité, de bonne gestion financière – qui suppose un contrôle interne efficace et efficient – et de transparence* ».

I - L'UNITÉ ET LA VÉRITÉ BUDGÉTAIRE

Le principe d'unité et de vérité budgétaire (article 4) implique que toutes les recettes et toutes les dépenses de l'Union soient mises à la charge du budget et soient inscrites dans celui-ci. Tel est le cas des dépenses liées à la mise en œuvre de dépenses opérationnelles très spécifiques (politique étrangère et de sécurité commune, coopération policière et judiciaire en matière pénale) qui doivent être prises en compte dans le budget.

II - L'ANNUALITÉ BUDGÉTAIRE

Les crédits inscrits au budget sont autorisés pour la durée d'un exercice budgétaire qui commence le 1er janvier et s'achève le 31 décembre (article 6). L'Union européenne a donc fait le choix d'aligner ses exercices budgétaires sur l'année civile. Le budget comporte deux types de crédits : des crédits d'engagement pour les recettes et des crédits de paiement pour les dépenses.

Les crédits d'engagement sont annuels ; en principe, ils ne peuvent pas être reportés d'une année sur l'autre. Les crédits de paiement couvrent les paiements qui découlent de l'exécution des engagements juridiques souscrits au cours de l'exercice ou au titre des exercices précédents (article 7). Les crédits non utilisés à la fin de l'exercice pour lequel ils ont été inscrits sont annulés, sauf décision de report limité à l'exercice suivant. Le report des dépenses de personnel est cependant exclu (article 9).

III - L'ÉQUILIBRE BUDGÉTAIRE

Le principe d'équilibre constitue une règle budgétaire de base. Le budget de l'UE doit être obligatoirement équilibré en recettes et en dépenses. L'Union n'est pas autorisée à recourir à l'emprunt pour couvrir ses dépenses (article 14). Le solde de chaque exercice (excédent ou déficit) est automatiquement inscrit dans le budget de l'exercice suivant.

IV - L'UNITÉ DE COMPTE

Cette règle simple et de bon sens impose que le budget soit établi, exécuté et fasse l'objet d'une reddition des comptes en euros (article 16).

V - L'UNIVERSALITÉ BUDGÉTAIRE

Selon l'article 17 du règlement, « *l'ensemble des recettes couvre l'ensemble des crédits de paiement (...). Les recettes et les dépenses sont inscrites sans contraction entre elles* ». Il existe cependant des exceptions par des possibilités d'affectation de recettes à des dépenses spécifiques. L'article 18 en dresse une liste très détaillée. On peut, à titre d'exemple citer les cas dérogatoires suivants :

- les contributions financières des États membres relatives à certains programmes de recherche ;
- les contributions financières des États membres relatives à certains projets ou programmes d'aide extérieure financés par la Communauté et gérés pour leur compte par la Commission ;
- les recettes provenant de tiers pour des fournitures, des prestations de services ou des travaux effectués sur leur demande ;
- le montant d'indemnités d'assurances, les recettes provenant d'indemnités locatives, les recettes provenant de la vente de publications et films.

VI - LA SPÉCIALITÉ BUDGÉTAIRE

Les crédits sont spécialisés par titres et chapitres ; les chapitres sont subdivisés en articles et postes (article 21). Toutefois une certaine flexibilité de gestion est indispensable aux institutions. Celle-ci est favorisée par la possibilité d'effectuer des virements de crédits. En ce qui concerne les dépenses opérationnelles, la Commission peut donc procéder à des virements entre chapitres à l'intérieur d'un même titre, dans une limite totale de 10 % des crédits de l'exercice qui figurent sur la ligne à partir de laquelle il est procédé au virement. Concernant les dépenses de personnel, elle peut également effectuer des virements, de titre à titre, dans une limite totale de 10 % des crédits de l'exercice inscrits sur la ligne dont le virement est à l'origine (seuil augmenté à 30 % pour les dépenses de fonctionnement).

VII - LE PRINCIPE DE BONNE GESTION FINANCIÈRE

L'article 27 précise la notion de bonne gestion qui doit s'apprécier au regard des principes d'économie, d'efficience et d'efficacité. Le principe d'économie suppose que les moyens mis en œuvre par l'institution en vue de la réalisation de ses activités soient disponibles en temps utile, dans les quantités et qualités appropriées et au meilleur prix. Quant au principe d'efficience, il vise le meilleur rapport entre les moyens mis en œuvre et les résultats obtenus. Enfin le principe d'efficacité doit favoriser l'atteinte d'objectifs déterminés et l'obtention des résultats escomptés.

Le respect de ces exigences est garanti par le suivi d'indicateurs de performance, établis par activité et mesurables, de manière à apprécier les résultats obtenus. Les institutions doivent par ailleurs procéder à des évaluations *ex ante* et *ex post* tous les programmes et activités qui sont à l'origine de dépenses importantes. Le Parlement européen doit être tenu informé du résultat de ces évaluations.

VIII - LE PRINCIPE DE TRANSPARENCE

Prévu par l'article 29, il garantit une meilleure information sur l'exécution du budget et le contenu des comptes arrêtés (« *le budget est établi, exécuté et fait l'objet d'une reddition de comptes dans le respect du principe de transparence* »). Les conséquences de cette règle sont concrètes : le budget et les budgets rectificatifs doivent être publiés au Journal officiel de l'Union européenne dans un délai de trois mois après avoir été définitivement arrêtés. Par ailleurs les comptes annuels consolidés et le rapport sur la gestion budgétaire et financière (établi par chaque institution) doivent aussi faire l'objet d'une publication identique.

Fiche 59

L'exécution du budget de l'Union par Commission européenne

I - LE RÔLE DÉVOLU À LA COMMISSION

Dans la limite des crédits alloués, la Commission est responsable de l'exécution du budget de l'Union européenne en recettes et en dépenses et conformément aux dispositions du règlement du 25 juin 2002 (modifié).

Les États membres coopèrent avec la Commission pour que les crédits soient utilisés conformément au principe de la bonne gestion financière (article 48). De leur côté, les institutions européennes doivent adresser chaque année (avant le 1er juillet) à la Commission un état prévisionnel des dépenses et des recettes en vue de l'élaboration leurs budgets pour l'année suivante. Dans une optique de transparence, le budget de l'UE est présenté par « activités » : ceci signifie qu'il est divisé en plusieurs domaines d'action faisant apparaître les moyens respectifs qui y sont consacrés (ressources financières et moyens humains).

II - LES DIFFÉRENTES MODALITÉS D'EXÉCUTION DU BUDGET

L'article 53 du règlement précise que la Commission peut exécuter le budget de plusieurs façons.

A - La gestion centralisée

Ce mode de gestion est utilisé lorsque les crédits sont directement dépensés par le personnel des services de la Commission (rémunérations des fonctionnaires de l'Union européenne par exemple).

B - La gestion partagée ou décentralisée

Il s'agit des cas les plus fréquents où l'exécution du budget est déléguée à des États membres (gestion partagée) ou à des pays tiers (gestion décentralisée). Il leur incombe ensuite d'allouer les fonds aux bénéficiaires finaux (collectivités territoriales, agriculteurs, entreprises...). Cette situation n'est possible que si la Commission s'est préalablement assurée que ces États exécuteraient les budgets conformément aux règles en vigueur et aux différents principes budgétaires (notamment la règle de bonne gestion financière).

C - La gestion conjointe avec des organisations internationales

Dans d'autres occasions plus rares, la Commission peut déléguer certaines tâches d'exécution à des organisations intergouvernementales ou internationales (ONU, Banque mondiale, OCDE…) qui appliquent des normes comptables et de gestion reconnues. Ce mode de gestion est exceptionnel car il suppose la mise en commun de fonds provenant d'origines diverses ce qui prive par la suite la Commission de tout contrôle sur ces dépenses.

III - LES FONCTIONS D'ORDONNATEUR ET DE COMPTABLE

A - L'ordonnateur

Chaque institution assure les fonctions d'ordonnateur (article 59) qu'elle délègue à un ou plusieurs de ses agents. L'ordonnateur est chargé d'exécuter les dépenses conformément aux principes de bonne gestion financière. Il en assure également la légalité et la régularité. Pour exécuter des dépenses, l'ordonnateur délégué procède à l'engagement des dépenses puis à leur liquidation et ordonnancement. Il doit également rendre compte de ses activités à l'institution dont il dépend sous la forme d'un rapport annuel d'activités. Ce dernier est accompagné des informations financières et de gestion confirmant que les données contenues dans le rapport donnent une image fidèle de la situation (article 60).

B - Le comptable

En application de l'article 61, chaque institution nomme un comptable chargé :

- de la bonne exécution des paiements, de l'encaissement des recettes et du recouvrement des créances constatées ;
- de préparer et de présenter les comptes ;
- de la tenue de la comptabilité ;
- de définir les règles et les méthodes comptables ainsi que le plan comptable ;
- de définir et de valider les systèmes comptables destinés à fournir ou justifier des informations comptables.

IV - LE SUIVI DE LA GESTION

Dans les 10 jours suivant la fin de chaque mois, la Commission doit adresser au Parlement et au Conseil un rapport retraçant l'évolution des recettes encaissées et des dépenses effectuées. Ce document doit permettre de suivre régulièrement avec un niveau de détail suffisant la mise en œuvre du budget annuel.

TITRE III

LE CONTRÔLE DES FINANCES PUBLIQUES EUROPÉENNES

Chapitre 1 - Le contrôle parlementaire

Chapitre 2 - Les autres modalités de contrôle

Fiche 60 Le Parlement européen

I - LE TRAITÉ DE LISBONNE

Réuni à Lisbonne les 18 et 19 octobre 2007, le Conseil européen a approuvé le principe d'un traité modifiant à la fois les dispositions des traités de Maastricht (1992) et de Rome (1957). Une fois signé le 13 décembre 2007 par les 27 chefs d'État ou de Gouvernement, les États signataires ont ensuite procédé à sa ratification suivant leurs modalités internes.

Après le rejet du projet de traité établissant une constitution pour l'Europe (2005), il n'a pas été proposé en France de nouveau référendum sur ce sujet. Et c'est ainsi que la loi autorisant la ratification du texte a été publiée au Journal officiel le 14 février 2008, suite à l'accord donné par le Parlement le 8 février 2008. Le Traité de Lisbonne est entré en vigueur le 1er décembre 2009, le premier jour du mois suivant l'achèvement du processus de ratification dans les 27 États signataires.

Au plan institutionnel, le Traité de Lisbonne adopte des dispositions importantes. Il octroie la personnalité juridique à l'Union européenne, fusionne les trois anciens piliers, reconnaît le droit d'initiative citoyenne et stabilise la fonction de Président du Conseil européen (pendant deux ans et demi, renouvelable une fois). Mais le texte fait aussi considérablement évoluer le contenu et la portée des pouvoirs reconnus au Parlement européen.

II - LE RÔLE ÉLARGI DU PARLEMENT EUROPÉEN

L'entrée en vigueur du Traité de Lisbonne a conduit à un renforcement significatif des pouvoirs du Parlement européen.

A - En matière politique

L'un des apports politiques majeurs du Traité est d'avoir mis sur un plan d'égalité Conseil et Parlement en termes de prérogatives législatives. On parle ainsi de « codécision » : celle-ci s'étend désormais à de nombreux domaines et donne le pouvoir au Parlement européen d'arrêter des actes conjointement avec le Conseil. Parmi les nouveaux domaines, on peut par exemple citer le contrôle aux frontières, la politique commune de l'immigration, la coopération judiciaire en matière pénale ou la procédure de surveillance multilatérale dans le cadre du Pacte de stabilité et de croissance. Par ailleurs, d'autres pouvoirs sont attribués au Parlement, en particulier l'approbation de l'élection du Président de la Commission européenne et de certaines nominations à des fonctions spécifiques.

B - En matière de préparation budgétaire

Le Traité a instauré un cadre financier pluriannuel (CFP) ayant force contraignante. Cette ligne directrice prend la forme d'un règlement adopté à l'unanimité du Conseil après approbation du Parlement. La durée du CFP est alignée sur la durée des mandats parlementaire et de la Commission.

Au cours de la procédure d'élaboration du budget, un « comité de conciliation » a également été instauré. Composé de 27 membres, il réunit les représentants du Conseil et du Parlement européen et doit permettre de finaliser un projet commun de budget dans un délai de vingt et un jours à partir de sa convocation. Parlement et Conseil disposeront alors d'un délai de quatorze jours à compter de la date de l'accord pour approuver le projet commun. À défaut, le Traité maintient - heureusement - la règle des douzièmes provisoires qui s'appliqueraient au cas où aucun budget ne serait adopté avant le début de l'exercice budgétaire.

Par ailleurs, en matière de ressources propres (en particulier les droits de douane), si le Traité de Lisbonne a confié aux États membres la liberté de définir les modalités de financement de l'Union européenne, il a aussi subordonné la mise en œuvre du système à l'approbation du Parlement. Enfin, il a supprimé la distinction « dépenses obligatoires - dépenses non obligatoires ». Cette modification accroît de fait les prérogatives dévolues au Parlement puisque le Conseil décidait en dernière ressort de toutes les dépenses obligatoires. Conseil et Parlement décideront donc désormais, à égalité, de l'ensemble du budget.

C - En matière d'exécution budgétaire

Le contrôle final de l'exécution budgétaire annuelle repose sur la décharge de la Commission. C'est le Parlement qui en est investi au terme d'une procédure particulière après avoir pris connaissance du rapport établi par la Cour des comptes européenne. La décision de décharge porte sur les comptes de la totalité des recettes et dépenses de l'UE pour l'exercice écoulé (article 146). La décharge, si elle est octroyée, est de nature déclarer la Commission « *quitte et libérée de sa gestion* » pour reprendre une expression utilisée lors du jugement des comptes des comptables publics selon les règles de droit interne. Concrètement, il s'agit de libérer la Commission pour sa gestion d'un budget annuel dont les comptes sont définitivement approuvés puis clôturés. Toutefois, cette décharge n'est pas systématique ; elle peut être ajournée (reportée) voire refusée.

Fiche 61 La Cour des comptes européenne

Instituée en 1975, la Cour des comptes est entrée en fonction en 1977. Ses attributions et les relations qu'elle entretient avec les autres institutions européennes sont décrites dans le Traité sur le fonctionnement de l'Union européenne (TFUE). La Cour des comptes assure le contrôle des comptes de l'Union. Elle assiste le Parlement européen et le Conseil dans l'exercice de leur fonction de contrôle de l'exécution du budget. Elle est composée d'un ressortissant de chaque État membre. Ses membres exercent leurs fonctions en toute indépendance et dans l'intérêt général exclusif de l'Union européenne. Elle siège à Luxembourg.

Les attributions dont la Cour des comptes européenne est investie se répartissent en quatre domaines.

I - L'EXAMEN DES COMPTES

En application de l'article 287 du TFUE, la Cour des comptes examine les comptes de la totalité des recettes et dépenses de l'Union. Elle contrôle également les comptes de la totalité des recettes et dépenses de tout organisme créé par l'UE. Elle fournit au Parlement européen et au Conseil une déclaration attestant de la fiabilité des comptes ainsi que de la légalité et de la régularité des actes de gestion de l'Union. Cette déclaration est publiée au Journal officiel de l'Union européenne.

II - LE CONTRÔLE DE LA LÉGALITÉ DES RECETTES ET DES DÉPENSES

La Cour des comptes examine également la légalité et la régularité des recettes et dépenses et s'assure de la bonne gestion financière. Le contrôle des recettes s'effectue à partir des versements de crédits constatés, celui des dépenses se basant sur l'analyse des engagements et des paiements. L'ensemble des contrôles peut être mené tant que les comptes ne sont pas clôturés. Le cas échéant, la Cour des comptes signale toute irrégularité qu'elle a pu relever.

III - LE CONTRÔLE SUR PIÈCES ET SUR PLACE AU SEIN DES INSTITUTIONS

Les membres de la Cour des comptes sont habilités à effectuer des contrôles sur pièces et sur place dans tous les locaux des institutions européennes ainsi que dans tout organisme assurant la gestion de recettes ou de dépenses au nom de l'Union. Elle peut également contrôler les locaux de toute personne physique ou morale qui bénéficie de fonds européens. Au sein des États membres, les contrôles s'effectuent en liaison avec les institutions de contrôle nationales

IV - L'ÉTABLISSEMENT DU RAPPORT ANNUEL

La Cour des comptes établit un rapport annuel après la clôture de chaque exercice. Ce dernier est transmis aux autres institutions et publié au Journal officiel de l'Union européenne après avoir été complété des réponses de celles-ci. Ce rapport est notamment l'un des éléments permettant au Parlement de se prononcer sur la décharge annuelle de la Commission.

Fiche 62 L'office de lutte anti-fraude (OLAF)

I - HISTORIQUE

Le financement du budget de l'Union européenne s'opère à partir de fonds publics dont il importe de contrôler le bon usage en vue de la réalisation d'actions d'intérêts général relevant de la mise en œuvre de politiques publiques communautaires. De ce point de vue, il incombe à la Commission en charge de l'exécution budgétaire de s'assurer que les crédits sont utilisés conformément aux principes de bonne gestion financière.

Dans le but de renforcer les moyens dont elle dispose en vue de lutter contre la fraude, la Commission a décidé d'instituer un Office européen de lutte anti-fraude (OLAF) en 1999. Bien qu'organiquement rattaché à la Commission, l'OLAF est indépendant de toute institution dans sa mission d'enquête administrative et d'inspection. C'est le règlement du 25 mai 1999 qui en détaille les missions.

II - LES MISSIONS DE L'OLAF

L'article 1er du règlement précise les attributions de l'Office qui « *contribue à la conception et au développement des méthodes de lutte contre la fraude, ainsi que contre toute autre activité illégale portant atteinte aux intérêts financiers de la Communauté européenne* ».

A - Les enquêtes externes

L'OLAF effectue des enquêtes externes : il s'agit de contrôles effectués au sein des États membres et dans des États tiers conformément aux accords de coopération en vigueur. Deux types d'infractions sont particulièrement recherchés. D'abord, des fraudes aux recettes qui portent fréquemment sur les droits de douane et la TVA. Ensuite, les dépenses irrégulières, notamment dans l'attribution des marchés publics ou l'octroi de subventions (secteur agro-alimentaire). En moyenne, 60 % des enquêtes externes sont closes en moins de deux ans.

B - Les enquêtes internes

L'OLAF peut également mener des enquêtes internes au sein des différentes institutions tout en prenant soin de préserver les règles prévues par les traités sur les privilèges et les immunités. Le but de ces contrôles est de garantir le bon fonctionnement des structures communautaires. Ces enquêtes sont ouvertes à l'initiative du directeur de l'Office qui agit, soit de sa propre initiative, soit à la demande d'un État ou d'une institution au sein de laquelle l'enquête sera effectuée.

Les institutions, organes et organismes sont informés du déroulement d'une enquête au sein de leurs services. Ils ont connaissance des documents consultés et des informations demandées par les agents chargés du contrôle.

III - BILAN D'ACTIVITÉ POUR L'ANNÉE 2010

Le rapport d'activité de l'OLAF daté de 2010 porte sur la période du 1er janvier au 31 décembre 2009. Il fait apparaître les éléments suivants :

- en fin d'année 2009, 369 enquêtes étaient en cours (354 au sein des pays de l'Union ; 15 dans des pays candidats) ;
- 220 enquêtes ont été ouvertes en 2009 ; 188 ont été closes ;
- en 2009, les sommes recouvrées par l'OLAF concernent plusieurs secteurs : les subventions dans le domaine agricole (148 M€), les droits de douane (43 M€), les fonds structurels (49 M€) et l'aide humanitaire (7 M€).

Téléchargez gratuitement l'annexe
Loi organique n° 2001-692 du 1er août 2001
relative aux lois de finances (LOLF)
sur notre site :
www.editions-breal.fr/fiche-lexifac-finances-publiques-5061.html

Achevé d'imprimer en juin 2011
sur les presses de la Nouvelle Imprimerie Laballery
58500 Clamecy
Dépôt légal : juin 2011
Numéro d'impression : 106011
8816407/01

Imprimé en France

La Nouvelle Imprimerie Laballery est titulaire de la marque Imprim'Vert®